COLLECTION NOUVELLE DE MÉMOIRES MILITAIRES

Henri LOIZILLON

LA
CAMPAGNE DE CRIMÉE

ERNEST FLAMMARION, ÉDITEUR

LETTRES

ÉCRITES DE CRIMÉE PAR LE CAPITAINE D'ÉTAT-MAJOR

Henri LOIZILLON

A SA FAMILLE

CAMPAGNE DE CRIMÉE

LETTRES

ÉCRITES DE CRIMÉE PAR LE CAPITAINE D'ÉTAT-MAJOR

Henri LOIZILLON

A SA FAMILLE

Avec une Préface de **M. G. GILBERT**

Ancien officier d'artillerie.

Ouvrage accompagné d'un plan de la Chersonèse.

PARIS

ERNEST FLAMMARION, ÉDITEUR

26, RUE RACINE, PRÈS L'ODÉON

PRÉFACE

Il existe, dit-on, au musée de Sébastopol, un glorieux recueil formé par les soins du Tzar Alexandre III, où se trouvent groupées toutes les monographies du siège, depuis la correspondance des généraux et les reliques de Kornilof ou de Nakhimof jusqu'aux notes naïves des modestes comparses, des simples soldats.

Si nous songions en France à composer un semblable Livre d'or, la correspondance du capitaine d'état-major Henri Loizillon y tiendrait sans conteste une place honorable. Par l'âge du jeune officier, par son grade subalterne, par le tour anecdotique et le caractère intime de ses récits, cette correspondance se rapprocherait des documents de la seconde manière; la largeur et la justesse des aperçus, les informations étendues et précises qu'un esprit d'élite pouvait obtenir dans des fonctions spéciales, la feraient classer à un niveau supérieur, tout au moins à côté des lettres du colonel Guérin, des souvenirs de Ducasse, de Cler, de Bazancourt.

Attaché, sur sa demande, à la division du général Brunet, ou division de réserve de l'armée d'Orient, Loizillon prend la mer le 29 décembre 1854. Il touche en passant à Messine, Athènes, Gallipoli, fait un séjour prolongé à Constantinople, et cette traversée nous vaut quelques esquisses rapides où s'accuse déjà le sens du pittoresque qui s'exercera bientôt sur la vie des camps et des tranchées. Qu'il s'agisse de dépeindre le contraste de splendeur et de misère de la cité sicilienne, les fanges de Gallipoli, les ruines du Parthénon, une visite au Sultan, ou l'arrivée à Sébastopol, il excelle à découvrir et à mettre en relief la note juste; quelques coups de crayon lui suffisent à nous donner une impression complète et exacte. Ici c'est une légion de moines déguenillés, montés sur des ânes et galopant comme des diables; là l'Etna étendant ses bras sur toute l'île qu'il semble écraser; là encore lorsque le vaisseau évolue en vue de Sébastopol, la brume faite de fumée qui enveloppe la ville et le bruit sourd du canon qui résonne dans tous les cœurs.

On était au 9 février et le navire qui débarquait Loizillon sur la plage de Kamiesch amenait en même temps le nouveau commandant du 2ᵉ corps, le futur duc de Malakoff. Le siége allait entrer dans sa période héroïque, et la division de réserve arrivait juste à point pour ce gigantesque corps à corps de deux armées.

Cette division dut d'abord se concentrer et subir une sorte de stage d'un mois dans le camp de Kamiesch. L'hiver sévissait dans toute sa rigueur et les moyens de chauffage faisaient défaut. On déterrait des racines de vigne pour en faire des fagots. Loizillon nous dépeint l'industrie des soldats et leur bonne humeur; lui-même se met à l'œuvre, dresse et consolide sa tente et se découvre pour la première fois les aptitudes d'ingénieur dont il donnera plus tard de nombreuses preuves. Il emploie ses loisirs à examiner la place, de l'observatoire d'état-major, à courir les tranchées; il décrit la prodigieuse activité des Russes et l'aspect des fortifications improvisées de Totleben, la vie quotidienne et la tenue fantaisiste de nos troupiers chaussés de sabots et vêtus de peaux de mouton.

Tandis qu'il endort ainsi les inquiétudes de ses parents par des récits de dilettante et que, par un pieux mensonge, il leur laisse croire à la prolongation indéfinie de son séjour au camp, sa division est entrée elle-même dans le cercle de feu et s'y est placée d'emblée aux premières loges.

Le 5 mars la division Brunet ouvre la parallèle Victoria, à 600 mètres du Mamelon-Vert. Elle va désormais participer à toutes les attaques de droite, au nouveau siège, comme disent les soldats, avec l'instinct qu'on a enfin trouvé le point décisif. Elle arrosera de son sang cette langue de terre de 1.500 mètres de front, entre les ravins du Carénage et de Karabelnaïa, où l'armée française s'est frayé, sur les corps de 20.000 braves, un passage jusqu'à Malakoff.

Dès le début, les Russes adoptent cette tactique offensive qui immortalisera le nom de Totleben. Loin de se laisser enfermer dans l'enceinte, ils ont établi au mamelon, sous le nom de lunette Kamchatka, une formidable avancée de Malakoff. Sur notre flanc droit, à l'est du ravin du Carénage, ils ont poussé, comme une pointe menaçante, le groupe des Ouvrages Blancs. De front ils jettent leurs embuscades à 100 mètres à peine de nos tranchées, et il faut, pour se donner de l'air, leur livrer d'incessants combats. C'est ainsi que, du 14 au 21 mars, les troupes du général Brunet soutiennent quatre sanglantes affaires de nuit, préludes de la grande sortie du 22 mars, où 6.000 hommes du général Khroulef échouèrent contre 1.200 des nôtres, mais en nous infligeant des pertes énormes : — sur 500 hommes à l'effectif, le seul bataillon du

11e léger eût 216 hommes hors de combat. — « Le général Brunet, écrivait Bosquet après cette affaire, me seconde avec toute son activité et son bon cœur de soldat. »

L'état-major de Brunet ne se ménageait pas non plus, et Loizillon avait fait son apprentissage dès la première sortie. Il nous conte avec beaucoup d'humour ses courses à travers la nuit et le ravin du Carénage, sous la mitraille russe, à la recherche d'un renfort. Ce n'était pas précisément le baptême du feu, qu'il recevra réellement le 7 juin, à l'enlèvement du Mamelon-Vert, mais il était tout au moins ondoyé, et il avait fait bonne figure.

Mars, avril et mai se passent ainsi dans la tranchée. On chemine lentement vers le Mamelon, gagnant pied à pied un terrain chèrement conquis et que sa nature rocailleuse semble elle-même disputer à nos efforts. Du 9 au 19 avril, c'est le violent intermède du bombardement, prématuré encore à cette époque, et où la risposte des Russes nous coûte autant de pertes que nous leur en faisons subir. En un mois, du 15 mars au 15 avril, dans les attaques Victoria, sur huit officiers du génie cinq sont tués et deux blessés; le chef même de l'arme, le brave général Bizot, est mortellement atteint.

Le siège régulier reprend après le bombardement, et Loizillon, dès le 16 avril, indique qu'il

n'y a point d'autre manière d'opérer. « Les effets
« de notre artillerie, écrit-il, sont demeurés fort
« au-dessous des espérances conçues, et l'on revient
« au procédé classique. Il faudra pousser régulière-
« ment les approches à portée minima de la place,
« pour que nos colonnes d'assaut aient peu de
« chemin à parcourir sous le canon de la défense. »
Appréciation d'autant plus remarquable, qu'en haut
lieu le projet d'assaut brusqué tenait toujours. Le
conseil de guerre du 23 avril en fixait la date au
28 avril, et l'on n'y renonça qu'à la suite des muta-
tions opérées dans le commandement supérieur.
La marche préconisée par notre capitaine est exactement celle qu'adopta Pélissier, en prenant, le
20 mai, la direction des opérations. On peut voir là
une preuve de cette sûreté de coup d'œil que nous
aurons maintes fois à signaler et qui s'accuse encore
dans la lettre du 10 mai, relative à l'expédition
de Kertch, à ses résultats probables et aux inconvénients du contre-ordre récemment reçu.

Dans toute cette période de mars à la fin de mai,
Loizillon cumule avec ses fonctions à la tranchée
et au bureau celles d'ingénieur, d'architecte et
d'émule de Paramel. Il découvre et capte des
sources, creuse des fontaines, donne des consulta-
tions au loin pour ce genre de travaux. Il règle
les montres, établit des cadrans solaires, bâtit des
autels.

Il cultive même, à 800 mètres de Malakoff, un plant de violettes, écloses au souffle des canons russes, et glisse quelques-unes de ces fleurettes dans chacune de ses lettres. Pas un instant sa bonne humeur, sa vaillance physique et morale ne se démentent, et l'on peut lui appliquer une bonne part des éloges qu'il accorde à nos soldats dans ce passage de la lettre du 6 avril que nous ne pouvons nous tenir de reproduire.

« Presque partout on rencontre le roc à fleur de
« terre ; il faut vraiment des soldats comme les
« nôtres pour exécuter ces travaux de Romains.
« Du reste, plus on voit ces soldats, plus on les
« admire. Ils vont travailler le soir soit aux tran-
« chées, soit aux batteries, sans être couverts contre
« les feux de la place, avec une insouciance et une
« gaieté dont on ne peut se faire d'idée si l'on n'en
« a été témoin. Il faut entendre aussi leurs lazzis
« et leurs bons mots quand passent les boulets
« et les balles. Je crois que dans les tranchées
« il se dépense encore plus d'esprit que de cou-
« rage. »

Il fallait de l'un et de l'autre pour opposer un moral intact aux épreuves de la tranchée. Il en fallait plus encore pour lutter contre un nouvel ennemi dont Loizillon, par un scrupule filial, tai-sait l'apparition. Le choléra faisait de sérieux ravages dans la troupe, et c'est avec un véritable soulagement que la lettre du 22 mai (1) annonce la destination nouvelle de la division de réserve devenue 2ᵉ division du 5ᵉ corps. Pélissier prenait le commandement suprême, et Canrobert, avec sa division et celle de Brunet, après avoir facilement chassé les avant-postes russes des mamelons Fédiou-khine, occupait dans la vallée de la Tchernaïa le camp de Tratkir. On donnait ainsi aux lignes de contrevallation une ampleur réclamée par l'accrois-sement de l'armée.

Ce camp de Traktir est comme une sorte de paradis au sortir de la tranchée. On retrouve de l'eau, de l'herbe, des arbres. On pousse, dans la direction de Baïdar, des reconnaissances qui sont de véritables promenades à travers les Khoutors tartares. On trace à loisir des plans de campagne, et dès le 2 juin par exemple, Loizillon, avec sa sûreté ordinaire de coup d'œil, résume toute la marche probable des opérations : « Malakoff, qui « commande la baie et d'où l'on peut intercepter « les ravitaillements de la place, est la clef de « Sébastopol. On a maintenant du monde pour « effectuer une attaque générale qui divisera les

---

(1) Cette lettre et celle du 4 août rendent à l'abnégation et à la gran-deur d'âme de Canrobert un hommage que l'histoire a ratifié : « Canrobert « part regretté de toute l'armée. Personne n'oubliera jamais que c'est « grâce à sa vigilance, à ses soins, que l'armée a pu vivre et rester intacte « au milieu des rigueurs de l'hiver dernier. Il a su inspirer aux soldats la « confiance qu'il avait en eux. Cela seul, et sa digne attitude suffirait à la « gloire du général ».

« Russes, pendant que l'effort décisif portera sur
« Malakoff. Il faut d'ailleurs commencer par se
« débarrasser des Ouvrages Blancs qui ne peuvent
« tenir, vu la difficulté de leurs communications
« par un pont de bateaux sur la baie de Carénage. »

C'était absolument le programme de Pélissier et,
dans la réalisation de ce programme la division
Brunet, déjà lasse de son rôle de comparse, allait
dès le premier acte reprendre place sur le théâtre
des opérations principales.

Dans la nuit du 6 au 7 juin, à minuit, la division
quitte la Tchernaïa et monte sur le plateau du
Carénage pour appuyer la division Camou, chargée
en première ligne de l'attaque du Mamelon-Vert.
Sur toute l'étendue des attaques de droite, au
Mamelon-Vert et aux Ouvrages Blancs, on allait,
le 7, donner l'assaut en plein jour, *à la française*,
suivant l'expression de Bosquet.

On connaît le succès de cette héroïque entreprise, qui nous coûta 6.000 hommes — autant
qu'une bataille ; — l'élan irrésistible de nos soldats
qui pénètrent dans la redoute de Kamchatka, s'em-
ballent malgré leurs officiers jusqu'à la tour Malakoff,
sont ramenés, perdent la redoute, la reprennent
avec l'appui de la 1re brigade de Brunet, se lancent
de nouveau jusqu'au corps de place et viennent
plusieurs fois battre ses murs comme des flots en
courroux. « Braves au delà de toute expression,

« écrit Loizillon, je les connaissais tels, mais je ne
« les aurais jamais crus capables d'une semblable
« obstination. »

Cette journée du 7 était la première grande
affaire à laquelle était conviée la division. Les
officiers d'état-major s'y rendent comme à un bal,
en spencer « pour faire honneur aux Russes », et
Loizillon nous conte comment cette coquetterie
sauva la vie à son ami C., blessé grièvement pendant qu'il courait sur Malakoff avec le 4e bataillon
de chasseurs. Lui-même amène deux bataillons du
11e léger en renfort à la brigade de Wimpfen;
dirigé vers la droite il accompagne ces troupes
dans leur poussée héroïque jusqu'au Petit-Redan
et voit tomber à ses côtés le brave colonel Hardy.
C'était bien là, comme nous le disions plus haut,
le baptême de feu, et les impressions du néophyte
que nous retrace sa lettre du 12 juin, sont bien
celles d'un homme d'action, d'un tempérament
sanguin et parfaitement équilibré au service d'une
pensée toujours lucide et d'un cœur chaud.

Cette lettre du 12 juin sonne comme une fanfare.
La suivante, celle du 19, est une longue et lamentable nécrologie. On sent que le souffle de la mort,
suivant l'expression de l'Écriture, vient de passer
sur la face du jeune officier. La veille, sa division
a été décimée dans l'assaut infructueux du 18 juin,
où tous ses efforts se sont brisés contre la courtine

« de fer et de feu » du Petit-Redan (1). Le général Brunet est tué ; son successeur, Lafont de Villiers blessé ; sur sept officiers d'état-major ou d'ordonnance, six sont atteints ; Loizillon lui-même est jeté à terre par un biscaïen qui le contusionne à la hanche et il ne doit son salut qu'au dévouement d'un brave voltigeur du 11ᵉ. — Et la liste se poursuit, interminable et lugubre, des amis disparus, des hommes d'élite que l'armée a perdus, des deuils du pays ou du cœur. Funèbre énumération que Loizillon termine par ces lignes à la fois attendries et légèrement sceptiques, où déjà sa vigoureuse nature semble se ressaisir : « Mon pauvre ami C.,
« au moment où nous partions pour l'attaque, me
« confia (il est très religieux) qu'il avait pris son
« chapelet bénit par le pape et dit une dizaine
« pour le général, une pour son frère, une pour
« moi. Le pauvre garçon ; sur les trois, il n'y a que
« moi pour qui il ait réussi ! »

Loizillon, en effet, ne tarda pas à se rétablir. Au bout d'une dizaine de jours il put rallier la division et prendre sa part des nouveaux dangers, des fatigues excessives qu'il fallait affronter, une nuit sur deux, dans la tranchée. Le siège régulier avait repris et les travaux de cheminement du génie étaient activement poussés. Sous la volonté

---

(1) A l'appel du 19, plusieurs compagnies étaient commandées par des caporaux ; la 5ᵉ division avait perdu le quart de son effectif.

inflexible de Pélissier, les opérations se poursui-
vaient sans relâche et sans déviation, vers l'objectif primitivement choisi, et l'échec sanglant du
18 juin, qui eût pu être un désastre, se réduisait
aux proportions d'un incident malheureux. On avait
cru, au lendemain de la prise du Mamelon-Vert,
que l'on avait déjà ville gagnée ; il avait fallu revenir de ces prévisions optimistes, mais la déception
n'infirmait en rien le choix de Malakoff comme
clef de position. « D'après la conduite des Russes
« au Mamelon-Vert, écrit Loizillon, je suis convaincu
« que du jour où nous serons maîtres de la Tour,
« ils mettront le feu à la ville et l'abandonneront. »

Il était prophète, trois mois à l'avance, et son
jugement a d'autant plus de valeur qu'il l'appuie
sur une sagace analyse des conditions du siège :
« Les attaques de gauche ne peuvent conduire à
« rien : dans cette région les Russes disposent de
« terrains vagues où ils ont organisé des lignes
« successives de défense ; en arrière ils sont prêts
« à disputer pied à pied les rues de la ville. Il fau-
« drait recommencer là un nouveau siège de Sara-
« gosse. Les attaques de droite, seules, ont chance
« de succès et aboutiront infailliblement par les
« procédés classiques de Vauban. Mais cette marche
« régulière est singulièrement entravée par l'artil-
« lerie de la place. Dans un siège normal, on ne
« débouche en sape double qu'après avoir éteint

« le feu du parti adverse ; ici il va falloir cheminer
« sous le canon des Russes (1). »

C'est en effet sous le « feu d'enfer » d'un millier
de pièces que nos vaillants soldats poussent, en
avant de la cinquième parallèle, des boyaux en
sape double, organisent des places d'armes en forme
de T, les relient, amorcent et terminent la sixième
parallèle à quatre-vingt mètres du corps de place,
entament enfin la guerre souterraine, cette école
d'héroïsme, où il faut être brave loin de la lumière
du ciel.

La correspondance du mois de juillet et d'août
nous permet de suivre pas à pas cette lutte de
chicanes, où nuit et jour les engagements se mul-
tiplient, où les Russes font preuve d'une grande
intrépidité, mais ont régulièrement le dessous. Elle
nous montre en même temps que les progrès du
génie, ceux de l'arme sœur et rivale, de l'artillerie
tenue jusque-là en échec par les inépuisables ressources de l'arsenal russe. De nombreuses batteries
surgissent du sol, on amène des centaines de mortiers, on prépare tous les éléments d'un cinquième
bombardement qui s'ouvrira brusquement le 17 août
avec 800 bouches à feu et continuera sans désem-
parer jusqu'à la crise finale du 8 septembre. C'est
là l'argument suprême, la note moderne de ce

(1) Lettres du 22 juin et du 7 juillet.

fameux siège, le facteur décisif, qui se substituera dans l'avenir aux procédés académiques de la sape et qui, sans rien diminuer du mérite de nos officiers du génie, semble déjà avoir eu le dernier mot contre Sébastopol.

Avant de subir *l'écrasement*, les Russes, qui se sentent serrés de près, tentent un effort désespéré pour rompre notre cercle d'investissement. Leur armée de secours forte de 60.000 hommes attaque, le 16 août, dans les lignes de la Tchernaïa, les 30.000 hommes du corps d'observation franco-piémontais. Surprises un instant, nos troupes, malgré leur infériorité numérique, reprennent hardiment l'offensive et grâce à l'intelligent emploi de leurs réserves, grâce aussi à l'absence de direction dans le parti adverse, refoulent l'assaillant en lui mettant 8.000 hommes hors de combat. Cette brillante victoire de Traktir était acquise en moins de trois heures de lutte, et lorsque la 5ᵉ division, appelée des tranchées, arriva sur le champ de bataille, elle n'eut plus qu'à former les faisceaux. Loizillon n'intervint donc pas comme acteur dans l'affaire de Traktir, mais, des hauteurs des monts Sapoune, il en suivit tout le développement en spectateur intelligent, et la longue relation qu'il adresse le surlendemain à sa famille a toute la valeur d'un document historique.

On touche au dénouement. Le lendemain de

Traktir le bombardement commence, tuant chaque
jour un millier d'hommes aux assiégés. Vainement,
dans ce duel d'artillerie, un coup heureux de l'ennemi détermine l'explosion terrible du magasin à
poudre du Mamelon-Vert (1). Notre feu n'est pas
même ralenti et ses effets sont tels que l'assaut
donné le 8 septembre « n'aurait plus eu de raison
« d'être quelques jours plus tard. »

C'est, cette fois, un assaut général d'armée contre
armée, où sur toute l'étendue des lignes, du bastion
central au Petit-Redan, 60.000 alliés vont assaillir
50.000 Russes. Dans les attaques de droite, la 5ᵉ division, passée aux ordres du général de La Motterouge, reçoit comme objectif cette courtine entre
Malakoff et le Petit-Redan, où elle s'est brisée dans
l'attaque infructueuse du 18 juin. A midi précis les
troupes s'élancent de la sixième parallèle, fran-
chissent à la course les 500 mètres encombrés
d'abatis, de fil de fer et de trous de loup, qui
séparent la parallèle de la courtine, pénètrent dans
les retranchements russes et en chassent les défenseurs. Mais, sur leur droite, le Petit-Redan a résisté
à la division Dulac et son feu meurtrier enfilant la
courtine sème la mort dans nos rangs; une vigoureuse contre-attaque des Russes nous fait perdre
pied; l'explosion d'une fougasse renverse le général

(1) Lire dans la lettre du 1ᵉʳ septembre la description saisissante de
cette explosion.

de division, grièvement blessé, et provoque une
véritable panique. A ce moment Loizillon groupe
quelques braves autour de lui, les ramène au fossé
et s'y maintient. Il est seul debout parmi les officiers. Dans l'état-major tous sont atteint, quatre
mortellement; le colonel du 49ᵉ vient d'être tué, le
colonel du 16ᵉ léger et tous les chefs de bataillon
sont hors de combat, le commandement de la division est exercé par le capitaine d'état-major durant
cet instant de crise qui aboutit à l'occupation définitive de la courtine.

La brillante conduite de notre héros devait être
récompensée, huit jours plus tard, par la décoration
et une citation ainsi conçue : « A assisté aux trois
« affaires du Mamelon-Vert, du 18 juin et du 8 sep-
« tembre, s'est conduit avec une rare énergie et
« beaucoup d'intelligence; a ramené au parapet les
« hommes qui avaient été émotionnés par l'explo-
« sion d'une mine. »

« Je vous écris, donc je vis », ainsi débute la
lettre qui suit l'assaut de Malakoff. Et dans cette
lettre comme dans celles du commencement d'octobre, la conscience du danger couru, le regret des
amis perdus, la commisération pour les familles
en deuil, dominent la joie de la victoire, celle d'une
distinction ardemment ambitionnée. L'impression
qui se dégage de ces lettres, où quelques passages
atteignent à une rare élévation de sentiment, est

à la fois grave et triste, le sentiment religieux s'y fait jour, l'amour filial par un retour bien humain s'épanche dans le sein maternel. Il y a détente et effusion tendre après des scènes d'horreur; nul enivrement du succès.

Le succès cependant était indéniable. Il s'accusait décisif, comme l'avait prévu Loizillon dans sa lettre du 12 juin. Les Russes, dans la nuit du 8 au 9 septembre, avaient incendié la ville et s'étaient retirés, ne laissant derrière eux que des ruines.

Sébastopol n'était plus, mais l'armée russe de Crimée tenait toujours sur le plateau Mackenzie et n'était séparée de nos camps que par la vallée de la Tchernaïa. Elle devenait notre objectif naturel et il semblait qu'une nouvelle campagne, d'opérations actives cette fois, dût s'ouvrir à bref délai. « L'intendance, écrit Loizillon, déclare ne pouvoir « nourrir l'armée à quatre jours de marche de « Kamiesch. J'estime cependant qu'ayant la mer « pour nous, il nous serait possible d'agir dans un « champ stratégique aussi restreint que celui de « la Péninsule; on y tient les forces vives de la « Russie, il faudrait tout tenter pour les détruire, « et cela avec d'autant plus de raison que nos « troupes ont donné la mesure de ce qu'elles « peuvent faire. A mon avis on quitte une belle « partie, en ce sens qu'elle est tout à fait opposée « à celle qui s'est jouée en 1812, où les Russes se

« dérobaient toujours et avaient dans leur jeu les
« espaces immenses de leur empire. »

Tel était le sentiment de Bosquet et l'avis du
général Niel. Ce dernier inférait de notre inaction
que, déjà à cette époque, les pratiques de la guerre
d'Algérie nous avaient fait perdre le secret de la
grande guerre. Le commandement était inhabile au
maniement des masses ; il se sentit dérouté du jour
où la chute de Sébastopol supprima cet objectif
simple, ce point fixe sur lequel on pouvait agir
à coups d'hommes ou suivant les procédés classiques de Vauban.

On se borna à observer l'ennemi, on s'étendit
parallèlement à son front dans la vallée de la Tchernaïa, on se prolongea sur son flanc gauche dans la
vallée de Baïdar, et finalement les deux armées
restèrent en présence sans rien tenter. Elles allaient
demeurer ainsi de longs mois encore.

La saison froide approchait d'ailleurs, et il nous
fallait prendre nos dispositions pour passer, sur le
plateau de Chersonèse, ce second hiver de 1855 qui
s'annonçait plus froid encore que celui de l'année
précédente (1). Loizillon se met à l'œuvre avec son
industrie ordinaire. Il nous initie à tous les détails
de construction d'une tente mobile, pourvue d'une
porte, d'un escalier et d'une cheminée qui ne fume

____

(1) La température descendit fréquemment à 17 degrés au-dessus de zéro.

pas « chose rare à Paris et même à Sébastopol ».
Plus d'une fois, au cours de ces longues soirées
d'hiver, il nous convie au coin de cette cheminée
hospitalière, près de la table qu'encombrent ses
bouquins d'anatomie et où il écrit sous l'œil de son
compagnon fidèle, de ce petit chat découvert dans
les ruines de Sébastopol et « plus difficile à garder
« dans un camp que ne le serait une jolie fille ».
Au dehors le vent ou la neige font rage et le
contraste est un vrai délice.

Novembre et décembre se passent ainsi, puis la
note de sa correspondance s'assombrit. Le scorbut
règne dans nos camps et démoralise ces braves
que le feu des Russes n'avait jamais ébranlés. Les
ambulances se remplissent et le typhus, résultant
de leur encombrement, va nous coûter plus de soldats que nous n'en avons perdu dans les assauts
meurtriers de Sébastopol. L'état sanitaire de la
5ᵉ division est désespérant, à peine compte-t-elle
4.700 disponibles et sur cet effectif il y a chaque
jour quarante entrées à l'ambulance, cinq ou six sorties seulement. Le cœur de Loizillon saigne à ce
spectacle. Il s'irrite contre le mal et en dénonce
avec amertume les causes faciles à éviter; nos
troupes sont surmenées par un service plus pénible
encore que celui du siège : chaque jour les 4.000
hommes de la division fournissent 7 à 800 hommes
aux avant-postes. Leur régime est insuffisant, leur

habitat sous la tente est absolument meurtrier. Les Anglais, bien installés dans des baraques et mieux nourris, demeurent indemnes.

Pour faire diversion à ces tristesses, il ne faut rien moins que l'héroïsme de nos médecins ou la courtoisie des procédés chevaleresques qui s'établissent entre les deux armées et atténuent les horreurs de la guerre.

Les témoignages abondent, dans les lettres de Loizillon, de cette singulière sympathie, scellée dans le sang, faite d'admiration réciproque, spontanée et irrésistible dans ses manifestations, qui quarante ans plus tard viendra dérouter toutes les combinaisons de la diplomatie et apporter d'efficaces consolations à la France isolée et meurtrie. Déjà durant le siège, pendant les armistices où l'on procède à l'enlèvement des morts, nous avons vu les adversaires qui s'égorgeaient la veille, prêts à se tendre la main. En toutes circonstances Loizillon rend hommage à la ténacité de l'ennemi, à ses vertus militaires. Après la prise du Mamelon-Vert, il décrit avec admiration les dispositions intérieures de cet ouvrage et conclut en ces termes : « Soyons « justes envers les Russes, jusqu'ici ils ne se sont « que trop bien défendus. Leurs officiers sont « pleins de courage et d'intelligence, leurs défenses « très bien conçues et leurs travaux parfaitement « exécutés. »

Et plus tard, en juillet, lors de l'échange des prisonniers, il recueille de la bouche de nos soldats et enregistre, dans une longue lettre, tout le détail des bons traitements dont ils ont été l'objet. On leur a fait fête sur la route de Perekop à Odessa; les habitants riches se disputaient le plaisir de les héberger. Non moins magnifique que les particuliers, le gouvernement russe allouait aux Français vingt sous par jour pour leur nourriture, alors que la solde du troupier russe n'excédait pas vingt centimes. Et nos braves soldats d'inviter à leur table ceux de l'escorte, « politesse qui établit bientôt la « confiance de part et d'autre; au bout de quelques « jours les Alsaciens comprenaient les Russes, de « sorte que la conversation ne tarissait plus. »

Dans le contact prolongé des lignes adverses sur la Tchernaïa, cette entente ne fait qu'augmenter. « Les officiers ont peine à empêcher les hommes « de fraterniser. » Aussi, aux premiers bruits de l'armistice, vers le milieu de janvier, il faut renoncer à contenir les avant-postes. « Partout nos « vedettes ont échangé leurs gourdes et font *cama-* « *rades,* suivant l'expression des Russes. » En mars enfin, quand l'armistice est ratifié, c'est une véritable explosion : l'entrain est général, les officiers s'y associent. Les officiers russes viennent dans nos camps; Loizillon a un ami intime, un capitaine d'état-major russe qui ne quitte plus sa tente.

Invité à son tour, il se rend à Bakhtchi-Seraï et nous conte avec beaucoup de verve l'accueil pantagruélique qui est fait aux officiers français. « Il est vrai- « ment curieux, ajoute-t-il, d'observer l'importance « que les Russes attachent à la bonne opinion que « nous avons d'eux. » Là, en effet, dans cette commune estime, est le ciment de la future alliance.

Ces fêtes, ces excursions remplissent tout le mois de mai, puis arrive avec ses joies anticipées l'heure du départ, du retour en France. La Crimée redevient déserte et « de cette guerre terrible, mais humai- « nement conduite, aussi honorable pour le vaincu « que pour le vainqueur, qui peut être évoquée de « part et d'autre sans amertume et sans rancune, « il ne reste plus que des noms de victoires, des « souvenirs héroïques, des réputations noblement « acquises et les grands ossuaires que conserve, « fidèle, le plateau de Chersonèse (1). »

Cette rapide analyse ne peut donner qu'une impression bien imparfaite du charme qui se dégage des lettres de Loizillon; charme fait de bonne humeur, d'entrain, de bon sens, de santé physique et morale. Écrites sans apprêt, sans recherche de style, elles abondent cependant en détails pittoresques, en traits heureux; elles touchent parfois,

(1) Le général Canonge, *Histoire militaire contemporaine*, t. I, p. 93.

comme dans la tragique description de la veillée d'armes du 18 juin, au pathétique du meilleur aloi. Elles ont toute la valeur d'un document sincère et vécu et peuvent être offertes au public comme un journal du siège de Sébastopol.

Mais ce ne sont pas seulement les glorieux souvenirs d'un siège mémorable que fait revivre ce livre, c'est encore et surtout l'armée qui a accompli ces grandes choses, cette armée du second Empire que l'épopée du premier Napoléon et la fin lamentable de Napoléon III ont injustement reléguée à l'arrière plan, dans une sorte d'injurieux oubli.

En cette triste fin de siècle le regret du passé, de généreuses aspirations, le dilettantisme peut-être et la mode nous font rechercher avec une curiosité avide et exclusive tous les documents propres à ressusciter les figures épiques de la Grande-Armée. Ces héroïques grognards, ces sabreurs légendaires, qu'ils s'appellent Marbot ou Coignet, ont certes de brillantes qualités, mais ils ont aussi d'énormes défauts, la conscience large, la morale facile. Tout est hors de proportion dans ces natures exubérantes et frustes. Plus modeste, moins heureux, plus affiné par contre et plus soucieux du devoir nous apparaît l'officier du second Empire, cet officier qu'Alfred de Vigny avait deviné.

Issu de ces familles militaires auxquelles Trochu, dans son beau livre de l'armée française, accorde un regret justifié, il n'a point de fortune, mais il sert avec désintéressement; il ne connaît ni les appétits du luxe ni même ceux de l'ambition. Nous recommandons aux générations présentes telles pages de Loizillon où, blessé et cité à l'ordre, il se défend avec une touchante modestie de recevoir la croix avant son chef d'état-major et, plus loin, ces lettres si dignes où il nous révèle ses embarras pécuniaires et le souci d'une dette d'un millier de francs contractée pour s'équiper. Il est bon de rappeler à nos jeunes officiers les 175 francs de solde d'un capitaine de l'ancienne armée.

Cette armée, en somme, est aussi loin de nous que l'armée d'Austerlitz; elle appartient comme elle au passé et sollicite, à des titres différents, nos pieuses recherches.

Loizillon peut être présenté comme un type de cette époque militaire.

Dans ses lettres de Crimée, il se révèle avec toutes les qualités que nous avons déjà fait ressortir à la lecture des lettres du Mexique, précédemment publiées (1). Bravoure à la fois violente et réfléchie, communicative et froide; intelligence mathématique; esprit logique et tenace; caractère intègre et presque inflexible; organisation puissante et parfois rude qui abrite un cœur aimant et sensible, tel est

---

(1) Lettres du Mexique. Paris, librairie Beaudoin, 1890. — La préface de ce livre donne la biographie du lieutenant-colonel H. Loizillon.

l'homme à ces deux phases de sa carrière; mais ici avec cette fleur de jeunesse qui est une qualité de plus et non des moindres, qui appelle la sympathie parce qu'elle est toujours prête à l'accorder. En Crimée Loizillon voit tout en beau, peut-être parce que tout était beau, peut-être aussi parce qu'il est comme l'armée à l'orient de sa carrière.

Les lettres du Mexique nous l'ont fait estimer; celles-ci le font aimer. — Si le public en juge comme nous-mêmes, le vœu le plus ardent du cœur fraternel qui nous livre ces reliques sera pleinement rempli.

G. GILBERT,
Ancien officier d'artillerie.

PLAN DE LA CHERSONESE

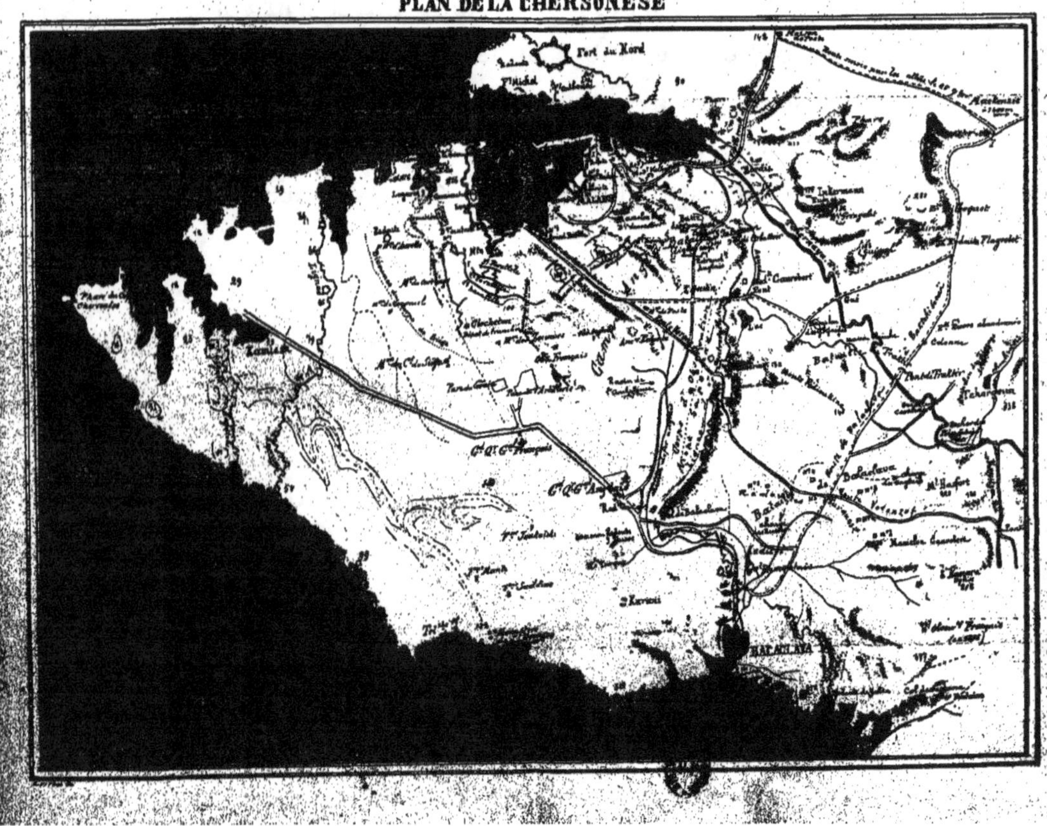

CAMPAGNE DE CRIMÉE

LETTRES

ÉCRITES DE CRIMÉE PAR LE CAPITAINE D'ÉTAT-MAJOR

Henri LOIZILLON

A SA FAMILLE

I

Versailles, 5 décembre 1854.

Mes chers parents,

Je viens de recevoir votre bonne lettre au moment où j'allais vous écrire. Dans ma dernière, tout ce que je vous disais était en vue de vous préparer à mon départ pour l'armée d'Orient qui, déjà, était secrètement décidé.

Aujourd'hui je suis obligé d'aborder la question franchement : j'ai reçu samedi l'avis que je faisais partie de la neuvième division que l'on vient de former pour Sébastopol. Cette nouvelle qui m'a été si agréable ne produira pas, je le crains fort, le même effet sur vous.

Cependant il faut réfléchir un peu ; en ce moment tous

les officiers qui veulent faire leur chemin sont en Orient ou postulent pour y aller. — Et puis il me semble que vous auriez honte de moi, si je ne désirais faire partie d'une armée qui s'est déjà signalée par son courage et à qui il reste encore beaucoup à faire. Ce qui vous inquiète, je le sais, ce sont les chances de la guerre : vous conviendrez avec moi qu'il serait vraiment par trop commode d'acquérir de la gloire sans courir aucun danger. Rassurez-vous d'ailleurs, j'ai confiance en moi et en mon étoile ; je m'en vais heureux et content comme pour une belle partie de plaisir, et jusqu'à présent il ne m'est pas encore venu une seule fois à la pensée que je pourrais être blessé ou tué, et cependant c'est la première impression de tous ceux qui partent. En outre, j'entre en campagne sous les meilleurs auspices. — C'est le général Brunet qui commande la division ; il a eu pour aide-de-camp un officier d'état-major qui m'en a toujours fait le plus grand éloge sous tous les rapports, et comme homme et comme militaire. — Par un bienheureux hasard, ce capitaine qui est un charmant garçon, avec lequel je me suis immédiatement lié, part avec moi. Nous allons faire tous nos achats ensemble, ce qui nous fera une grande économie à tous les deux ; ensuite c'est une chose bien précieuse dans des circonstances semblables, d'avoir pour collègues des amis au lieu d'étrangers dont le caractère peut ne pas sympathiser avec le vôtre. — Tous mes amis et connaissances sont enchantés de me voir partir dans d'aussi bonnes conditions ; mon général surtout a été charmant ; aussitôt que je le lui ai fait savoir, il est venu me féliciter, en me disant que c'était ce qui pouvait m'arriver de plus heureux.

Vous voyez donc bien que vous êtes forcés de vous ranger à l'avis de tout le monde.

Vous pensez d'avance que je ne veux pas m'éloigner sans vous embrasser.

Nous n'avons pas encore reçu notre ordre de départ, parce que les régiments qui composent notre division sont en Afrique, ce qui nous promet encore un certain répit; aussi j'en profite pour aller à Bitche. Je partirai probablement samedi pour vous arriver dimanche dans la journée. Si par hasard nous recevions l'ordre de nous embarquer plus tôt, j'avancerais mon voyage.

Adieu, mes bons parents, prenez, je vous en prie, la chose du bon côté, et vous reconnaîtrez avec moi que le parti auquel je m'arrête sera à tous les points de vue avantageux pour mon avenir.

Je vous embrasse tendrement et suis tout à vous.

Henri LOIZILLON.

II

Marseille, samedi.

Mes chers parents,

Que vous dirai-je de mon voyage de Bitche à Paris en vous quittant? Vous le devinez à l'avance; il a été bien triste, et mon esprit est resté pendant ces trente-six heures continuellement occupé de vous. Je n'étais plus alors sous l'impression de mon désir de faire campagne et de courir les chances de la guerre, mais bien sous celle de votre profond chagrin : ma résolution, sans être changée, en a été, je vous l'avoue, un peu affaiblie, et ce n'est que le lendemain de mon arrivée que je suis rentré dans mon assiette ordinaire.

Depuis mercredi nous sommes à Marseille que nous avons parcourue dans tous les sens pour y terminer nos emplettes. C'est bien la ville la plus belle et la plus luxueuse que j'aie jamais vue; elle est même à mon sens plus riche en beaucoup de points que Paris.

Nos achats sont terminés à notre entière satisfaction, et vous pouvez être rassurés, j'ai tout ce qu'il me faut, depuis les flanelles dont Marie m'a comblé, jusqu'aux légumes pressés : sous le volume d'un cube de cette feuille de papier ouverte, il y a deux cents rations pour 25 francs. Il suffit de mettre ces légumes dans de l'eau pour qu'ils reprennent leur forme et leur saveur. Vous voyez que nous ne manquerons de rien.

Le général Brunet avec qui nous vivons est un excellent homme, je suis déjà au mieux avec lui. C'est moi qu'il a chargé de la surveillance de nos chevaux et de nos ordonnances, ainsi que de l'embarquement. Mon ordonnance Rigaut vient d'arriver avec mon cheval ; j'ai trouvé ici un second cheval qui n'est pas beau, mais qui est solide et, je crois, très résistant. Vous voyez donc que je pars dans les meilleures conditions possibles : bien monté, un bon chef, un excellent camarade à qui je rends bien son amitié, un soldat dévoué ; avec cela il est impossible de ne pas revenir.

Nous nous embarquons lundi, pour lever l'ancre à deux heures, sur l'*Euphrate*, de la Compagnie Impériale : c'est un vaisseau magnifique, tout neuf et qui n'a encore fait que trois traversées.

J'ai déjà été à bord deux fois pour les renseignements, et le commandant a été on ne peut plus aimable : il a mis toute sa bibliothèque à ma disposition pour la traversée.

Nous touchons à Messine, mais je ne puis vous promettre de vous écrire en cours de route, ignorant si j'aurai le mal de mer. Si je puis l'éviter, comme je le crois, comptez sur une lettre. Autrement vous n'auriez de mes nouvelles que de Constantinople, où nous arriverons du 4 au 8 ; la mer étant mauvaise, on ne saurait prévoir le moment précis de l'arrivée.

Nous resterons probablement une dizaine de jours à Constantinople, et pour vous donner une idée du général, voici un détail : je disais ce matin à déjeuner qu'ayant dépensé tout mon argent en achats, j'avais grand' peur de ce séjour. Il m'a tout de suite répondu : « Ne vous effrayez pas ; en campagne on se rend mutuellement service, je vous prêterai de l'argent ; plus tard, lorsque vous en aurez et que j'en manquerai, je vous en demanderai. » Vous voyez par ce fait que je suis en très bonnes mains.

Avant de fermer ma lettre, je veux vous répéter qu'il me semble tout naturel de partir, que j'en suis enchanté, très heureux de mon sort et que je m'en vais dans des dispositions excellentes.

Soyez donc sans inquiétude, et, comme moi, ne doutez pas de mon retour.

Je vous embrasse de tout mon cœur.

Henri LOIZILLON.

III

En mer, le 29 décembre 1854.

Ma chère Marie,

Ne recevant pas de lettre datée de Messine, tu te figures que je suis aux prises avec le mal de mer, et tu me plains.

Rassure-toi, il n'en est rien, seulement le temps m'a manqué pour écrire.

Nous avons quitté Marseille le jour de Noël : comme c'était fête, presque toute la ville était sur le port pour nous voir partir. Les cris des spectateurs se sont fait entendre, et les mouchoirs ont fait leur effet jusqu'au moment où nous avons perdu la ville de vue. Les cinq cents soldats qui sont à bord et qui couchent sur le pont ont répondu avec enthousiasme à la démonstration.

C'était vraiment très beau.

A peine sortis du port, quoique la mer fût très calme, j'ai vu la plus grande partie des passagers qui étaient sur le pont se livrer aux évolutions que produit le mal de mer. Quant à moi, jusqu'à présent j'ai échappé à tout ; je n'ai pas eu le moindre malaise, ni une minute d'ennui.

Le mardi dans la journée, nous avons aperçu la Corse avec ses côtes rocheuses et arides ; nous l'avons longée dans sa plus grande dimension ; c'est fort triste, il n'y a pas sur la côte un seul point cultivé.

Arrivés à la partie sud de l'île, nous avons traversé les bouches de Bonifacio. Ces bouches offrent un dédale de petites îles, de rochers semés entre la Corse et la Sardaigne, et au milieu desquels nous avons passé. Presque tous ont des aspects fort curieux : l'un a la forme d'un ours immense, un autre d'une grande tortue. Nous avons mis deux heures à franchir ce détroit, et comme bien tu penses, je suis toujours resté sur le pont ; du reste, j'y passe presque toutes mes journées avec l'officier de quart. Je suis au mieux avec le commandant ; je relève le point avec lui ; aujourd'hui c'est moi qui l'ai calculé ; nous étions à midi à la latitude de 36°54 sur la ligne droite qui va du mont Etna au cap Matapan. En outre, je connais presque la manœuvre des voiles et de la machine, de sorte que j'arriverai à être un marin consommé, sans compter l'effet excellent sur ma santé de cette activité continuelle. Ce qui étonne surtout les officiers de marine, c'est que naviguant pour la première fois, je ne sois pas du tout indisposé.

Après avoir quitté la Sardaigne, nous n'avons plus vu la terre qu'à Messine. Nous y sommes arrivés dans la nuit de mercredi à jeudi, à deux heures du matin. Je ne me suis pas couché, pour voir l'entrée du port et le mouillage.

Le lendemain matin, nous avons tous été à terre pour visiter la ville.

Tu ne peux t'imaginer nos impressions à la vue des contrastes qui s'offraient à nous à chaque pas.

Figure-toi une ville splendide dont les maisons sont toutes magnifiques d'architecture, des rues tirées au

cordeau et toutes pavées avec des dalles en lave de 50 à
60 centimètres de côté. On ne rencontre pas un seul
quartier de masures, ni des rues obscures et tortueuses
comme on en voit dans nos villes de France.

Au milieu de toute cette richesse règne une malpro-
preté repoussante.

Ces rues, qui sont si belles et qui sont parquetées
comme les vestibules de palais, ne sont jamais balayées;
c'est tout au plus si on enlève de temps en temps les
immondices. Les habitants ont un air misérable qui contraste avec la beauté de leur ville. Les rues sont pleines
de moines et de prêtres, tous portant des soutanes déchi-
rées, des souliers troués, et montés sur des ânes sur
lesquels ils galopent comme des diables. C'est le clergé
italien dans toute la force du terme : il m'a déplu au
dernier point.

Ce qu'il y a de plus remarquable dans Messine, ce sont les
églises. La richesse en est vraiment étonnante. Les murs,
les colonnes sont en marbre et incrustés de mosaïques
du plus bel effet. Les autels sont de la même composition,
seulement les détails en sont beaucoup plus délicats.
Dans leurs mosaïques, il entre beaucoup de lapis-lazuli
d'un grand prix.

Nous avons pénétré dans un couvent de femmes de
l'aristocratie, dont la chapelle est d'une richesse incom-
parable. Cette chapelle est publique, et au moment où
nous y entrions, les religieuses étaient dans des tribunes
grillées, et chantaient des cantiques. Je ne les ai d'abord
regardées qu'avec une grande réserve, mais je m'en
départis bientôt, car, elles les premières, nous regar-
daient, riaient, chuchotaient, ce qui m'a mis à l'aise.
Parmi ces jeunes filles, il y en avait deux d'une merveil-
leuse beauté.

A part les églises, il n'y a pas de monuments dignes d'être cités. Le quai du port est très beau, et il lui reste encore les cicatrices de la révolution de Février. A cette époque la Sicile s'est révoltée contre le roi de Naples, et les troupes napolitaines ont toutes été obligées de se réembarquer ; il n'y eut que la citadelle de Messine qui resta au pouvoir des troupes royales.

Le jeudi, à dix heures et demie du matin, nous avons levé l'ancre et contourné la côte de Sicile qui, en ce moment, est admirable de verdure. On cueille seulement les oranges et les citrons, et les arbustes sont encore tout couverts de feuilles. Cette côte, par sa fertilité, sa disposition et ses aspects pittoresques, ses villages échelonnés dans les gorges, est, au dire des officiers de marine, ce qu'ils ont vu de plus beau, — avec cela l'Etna couvert de neige s'élève au-dessus, et lorsqu'on en est à une certaine distance, il a l'air d'étendre ses bras sur la Sicile et de l'écraser.

Depuis Marseille nous sommes favorisés par le temps, la mer est tranquille, la traversée est superbe, et au moment des couchers de soleil la vue de cette belle nature si pittoresque et si riche nous jette dans le ravissement.

Demain samedi nous serons au Pirée, et nous aurons, paraît-il, le temps de visiter Athènes. Je t'écrirai de Constantinople mes nouvelles impressions.

H. L.

IV

Constantinople, le 3 janvier 1855.

Mes chers parents,

Depuis le 1er, au soir, nous sommes à Constantinople. Pour continuer le journal de mon voyage, je vais reprendre au point où je vous ai laissés. Nous sommes arrivés à Athènes le 30 décembre à midi, et nous n'avons remis à la voile qu'à cinq heures du soir. Nous n'avons pas perdu de temps, et pour commencer, nous avons visité le Pirée, qui n'est composé que de masures. Athènes en est à cinq kilomètres dans l'intérieur des terres, nous y sommes allés en voiture. Pendant le trajet, nous avons pu nous faire une idée de la misère de ce pays, qui est fort mal cultivé, et parfois ne l'est pas du tout.

Avant d'entrer dans la ville, nous avons monté la colline de l'Acropole où sont bâtis tous les temples. Le premier que l'on rencontre est celui de Thésée, c'est le mieux conservé, il est encore debout; on en a fait une sorte de musée où sont réunis tous les débris de sculpture trouvés dans les fouilles. En 1823, les Anglais ont pris toutes les statues et ont démoli les frises des frontons pour les emporter à Londres. Ensuite, pour que les Grecs ne crient pas trop, ils leur ont envoyé des plâtres, reproduction de tous ces chefs-d'œuvre. Je trouve cette idée supérieurement anglaise.

En sortant du temple de Thésée, nous avons dû contourner la hauteur, parce qu'elle est à pic de ce côté, et dans ce trajet nous avons aperçu l'entrée de la grotte qui, dit-on, a servi de prison à Socrate et où il a bu la ciguë.

A notre arrivée à l'Acropole, nous avons été saisis d'admiration à la vue de tous ces marbres aussi bien conservés et aussi éclatants de blancheur que s'ils avaient été taillés il y a dix ans. Les temples sont presque tous sur la colline de l'Acropole, et le peuple d'Athènes, les jours de sacrifices aux Dieux, occupait la plaine pendant que les prêtres étaient à l'autel. Ces temples sont donc tous en contact, ce qui fait mauvais effet comme perspective, mais c'était pour satisfaire aux exigences de la religion.

Le plus grand de ces temples est celui de Minerve, ou le Parthénon. Il est encore debout sur trois côtés, le quatrième est à moitié tombé. Il a les dimensions de la Madeleine, et c'est là que le ministre de la guerre grec a offert un banquet aux officiers. A droite du Parthénon est le temple de la Victoire, à gauche celui d'Erecthée où l'on admire les cariatides. Ces derniers temples bordent les Propylées, sorte de grand couloir couvert, avec des degrés en marbre.

Tout cela est en ruine, et ne forme au premier aspect qu'un chaos de colonnes, de statues et de débris ; mais au bout de peu de temps, on reconstruit par la pensée presque toutes les parties, et on est dans l'admiration

que les Athéniens, si peu nombreux, aient pu produire
des quantités aussi prodigieuses de sculptures : sûrement
les simples maçons devaient être, là, des artistes.

La grande cause de destruction de tous ces chefs-
d'œuvre est dans les sièges que l'Acropole a subis :
comme il domine complètement Athènes, il a toujours
été, dans les guerres des Turcs avec les Grecs, un point
important que l'on se disputait avec acharnement. Mais
si les boulets turcs ont fait beaucoup de ravages, ils n'en
ont néanmoins pas fait autant que les Turcs eux-mêmes.
Ceux-ci une fois maîtres de l'Acropole, poussés par le
fanatisme d'un culte qui exclut les arts, ont tout cassé,
tout brisé, et après cela on s'étonne de ce qu'il en reste
encore. En outre, pour la conservation de la position, ils
ont élevé avec tous ces débris un immense mur flanqué
de grandes tours, de sorte qu'au milieu de ce mur on
trouve à chaque instant des morceaux de chefs-d'œuvre.

Il m'est impossible de vous faire des descriptions qui
vous donnent une idée juste de tout cela. Le mieux eût
été de vous envoyer des photographies. Mais comment
vous les faire parvenir? Et puis elles étaient bien chères
pour mes faibles ressources. J'en achèterai au retour.

Après l'Acropole nous avons visité le temple de Jupiter
olympien qui se trouve un peu au nord, mais sur le
même terrain qu'Athènes. Il n'en reste que sept ou huit
colonnes debout avec l'arc de triomphe qui servait d'entrée. Par les dispositions de ses parties, on peut juger des
dimensions de l'ensemble ; elles devaient être colossales.
Les colonnes, qui sont de l'ordre corinthien, le plus riche
en architecture, ont plus de 3^m,50 de diamètre, et tout
cela en marbre magnifique.

Après la visite de ces monuments, je m'y étais si bien
identifié que, me reportant tout naturellement au temps

où ils avaient été construits, je m'attendais à voir autour de ces chefs-d'œuvre un peuple superbe. Jugez de mon désenchantement quand nous descendons dans une ville sale, mal bâtie, sans cachet original! On aurait pu croire une petite ville de France. Le roi s'est fait construire un palais qui ressemble à une caserne, au milieu d'un parc entouré d'une haie, d'un effet bien mesquin. Ce pauvre roi a trois cents chambres dans son palais, mais il n'a pu en meubler que dix.....

Les habitants sont misérables et malheureux au delà de toute expression. Néanmoins ils sont grands et forts, et leur physionomie est intéressante. Leur costume national est beau lorsqu'il n'est pas en guenilles, et qu'il est porté par un homme de la classe riche; il se compose de la calotte grecque, d'un spencer ouvert qui leur laisse le cou nu, d'un jupon qui descend jusqu'aux genoux, et ensuite de guêtres qui couvrent entièrement leurs chaussures.

Le lendemain soir de notre départ d'Athènes, nous sommes arrivés à Gallipoli. Je suis descendu à terre pour voir si tout le mal qu'on m'en avait dit était vrai (1). J'ai trouvé qu'on était resté bien au dessous de la vérité. Vous ne pourriez imaginer rien de pareil : des rues de trois mètres de large, dans lesquelles on a jeté des pierres qui se sont placées au hasard, et que le temps a fini par couvrir de terre; on y enfonce dans la boue jusqu'aux genoux : ces rues ne sont jamais nettoyées ; ce sont les chiens qui se chargent de cette besogne, aussi y en a-t-il des quantités innombrables ; ils n'appartiennent à personne, si ce n'est à la municipalité.

(1) Lire dans l'*Histoire de la guerre de Crimée*, par C. Rousset, la description de Gallipoli, T. I, p. 91.   (*Note de l'Éditeur.*)

Les rues, qui ne sont pas éclairées la nuit, présentent un réel danger à cause de tous ces chiens. Il était minuit quand nous sommes descendus, aussi étions-nous munis de solides gourdins qui nous ont été fort utiles.

Au jour, nous avons longé les côtes de l'Asie ; nous avons vu l'emplacement de l'ancienne Troie ; les tumulus d'Achille et de Patrocle. Mais tous ces spectacles s'effacent devant le panorama de Constantinople, étagé en amphithéâtre, avec ses maisons bigarrées de toutes les couleurs, sa forêt de minarets en forme d'immenses chandeliers, le dôme imposant de Sainte-Sophie, etc., etc.

Mais je n'ai pas encore pu visiter la ville, et je m'arrête ; le courrier part demain.

Nous ne débarquons pas à Constantinople, nous continuerons notre voyage pour la Crimée après-demain matin. On ne dit rien de nouveau de l'armée ; elle ne bouge pas ; on nous attend pour commencer les opérations actives. Ma confiance en moi est toujours la même et je continue à être enchanté de mon sort.

Dans mes lettres précédentes, j'ai oublié le nouvel an ; recevez donc ici tous les vœux que je forme pour vous.

H. L.

V

Constantinople, le 13 janvier 1855.

D'après ma dernière lettre, vous me croyez devant Sébastopol, et par conséquent déjà exposé aux hasards de la guerre. Je regrette beaucoup de vous avoir ainsi inquiétés, et je m'empresse de réparer ma faute dont je suis très innocent, il est vrai.

Vous savez que nous sommes arrivés à Constantinople le lundi 1er janvier. L'intendant général, qui est venu nous voir à bord, nous a prévenus que nous serions transbordés deux jours après sur le *Panama*, bâtiment de guerre, pour être conduits à Sébastopol. Au moment où nous nous attendions à être placés sur le *Panama*, nous recevons l'ordre de débarquer.

Ce débarquement nous a pris toute la journée, et pendant que mes camarades s'installaient à l'hôtel, j'ai été conduire nos chevaux à Daoud-Pacha, espèce de petit camp à 8 kilomètres de Constantinople, où l'on a établi les dépôts de tous les corps qui sont en Crimée.

Il est impossible de vous donner une idée des chemins de ce pays : notre plus mauvais chemin d'exploitation de France vaut encore mieux que leur route royale de Daoud-Pacha, où une voiture aurait grand'peine à passer. Du reste, il n'y en a pas, de voitures : tous leurs transports se font à dos de mulets.

Je suis donc revenu le soir par çet affreux chemin sur un cheval du pays que j'avais loué, et en compagnie de mon sabre que l'on m'avait conseillé de prendre, précaution d'ailleurs inutile, car personne ne m'a rien dit. J'ai trouvé mes amis installés à l'Hôtel de l'Ancre, tenu par des Italiens, et que je vous recommande pour ne jamais le prendre, si vous venez un jour ici. On y donne 8 francs par jour pour coucher dans une chambre sale, sur un canapé dur, et manger une nourriture répugnante qui nous rendait malades.

Enfin, après avoir passé six jours dans ce bouge, nous recevons l'avis d'embarquer nos chevaux, toujours sur le *Panama*. L'opération s'exécute le soir, et nous, de nos personnes, nous devions nous embarquer le surlendemain à huit heures du matin, lorsqu'à sept heures, on nous annonce que le général Canrobert a envoyé l'ordre de suspendre tout envoi de troupes, et qu'il nous faut ramener nos chevaux à terre pour rester à Constantinople jusqu'à nouvel ordre.

Nous débarquons donc encore une fois nos pauvres bêtes, mais heureusement par un assez beau temps.

Comme nous ne voulions pas retourner à l'Hôtel de l'Ancre, ni être séparés de nos chevaux, nous nous sommes tant et tant remués que nous avons enlevé pour ainsi dire d'assaut, et contre la volonté de tout le monde, une installation à l'École militaire turque. Nous avons une jolie petite écurie où nos chevaux et nos ordonnances sont parfaitement bien, et pour nous, deux chambres, nues à la vérité, mais que nous avons meublées avec nos lits de cantine. Vous ne pouvez vous figurer combien nous sommes à l'aise. La première nuit que j'ai dormi dans mon lit de campagne, après l'Hôtel de l'Ancre, il me semblait être sur un édredon.

Par surcroît de chance, au nombre de nos ordonnances, s'en trouve un qui a été cuisinier de son état. Il nous fait de la soupe et des sauces à *ravigoter* un mort, comme vous dites, et tout cela a l'avantage immense de ne nous coûter presque rien : nous vivons avec nos vivres de campagne qui se composent de pain, de viande, de café, sucre, riz et bois, le tout en quantité suffisante, de sorte qu'en y ajoutant du beurre, des œufs, du mouton, etc., etc., nous arrivons, avec très peu de frais, à avoir une très bonne pension. Il était temps, car les sept jours de l'Hôtel de l'Ancre m'avaient mis à sec ; il est vrai que maintenant on me doit presque un mois d'appointements.

Après avoir reçu l'ordre de débarquer nos chevaux, notre premier soin, comme vous le pensez, a été de maugréer contre le sort. Mais le lendemain il a fait un temps affreux, un vent épouvantable avec de la neige et de la pluie ; ceci, et une lettre du général Canrobert à notre général, nous a fait changer d'avis. Il paraît qu'en Crimée le froid est excessif, et que notre armée est dans la plus misérable des positions ; comme on ne veut rien faire avant le beau temps, il vaut mieux conserver fraiches les nouvelles troupes qui arrivent. Voilà pourquoi nous sommes ici encore pour un mois probablement.

Adieu, mes chers parents, surtout ne vous inquiétez pas, et écrivez-moi, j'ai besoin de vos lettres pour être tranquille.

H. LOIZILLON.

VI

Constantinople, le 29 janvier 1855.

Ainsi que vous l'avez vu par ma dernière lettre, si vous l'avez reçue comme je veux l'espérer, nous sommes toujours à Constantinople. Notre division arrive tous les jours; nous avons déjà deux régiments qui sont sous la tente au camp de Daoud-Pacha, qui est à trois lieues de l'endroit où nous sommes installés.

Pendant plus d'une semaine, j'ai fait ce trajet tous les jours, partant le matin et revenant le soir. J'ai fait la reconnaissance du terrain, et j'ai tracé les camps; j'étais alors le seul valide de nous tous : Conégliano avait un commencement de dysenterie, et l'aide de camp du général était enrhumé, de sorte que les corvées sont retombées sur moi seul. A vrai dire, j'aime beaucoup mieux cela que d'être malade; du reste, ces messieurs sont rétablis, et le service est régularisé.

Notre chef d'état-major est arrivé de Sébastopol; j'ai dû vous dire que je l'avais connu à Paris lorsqu'il n'était que chef d'escadron. A peine arrivé, il m'a fait chercher pour déjeuner avec lui et a été on ne peut plus aimable, me disant entre autres choses flatteuses qu'il était très content de m'avoir avec lui.

D'après les intentions du général en chef, il est probable que nous resterons ici encore la plus grande partie de février, de sorte que nous aurons évité la plus mauvaise période de l'hiver, qui, à ce qu'il paraît, est bien plus terrible que les Russes.

Le général Brunet, pour donner l'exemple aux troupes, veut aller coucher sous la tente au camp. C'est un vrai sacrifice, car la vie n'est pas gaie à Daoud-Pacha, et, de plus, nous serions obligés de nous mettre en pension, ce qui nous coûterait fort cher.

Samedi dernier nous avons été faire une visite au Sultan ; il y a loin, je vous assure, de son palais à celui des Tuileries. On nous a d'abord fait entrer dans une antichambre meublée avec de vieux meubles français qui paraissaient avoir été achetés au Temple. Là on nous a servi des chibouques de 2 mètres de long, dans lesquels il a fallu fumer, et ensuite une tasse de café.

Après avoir dégusté le tout, nous avons été introduits auprès du Sultan qui nous attendait dans une pièce qui ne valait guère mieux que celle que nous venions de quitter. Dans le palais, depuis le Sultan jusqu'au dernier des domestiques, tout le monde porte la même tenue sans qu'il y ait le moindre signe distinctif. Cette tenue se compose de la calotte rouge que vous connaissez, d'une tunique bourgeoise bleue et d'un large pantalon bleu.

Cette particularité est ce qui m'a le plus frappé.

Le Sultan a une figure très douce qui exprime un profond ennui. Nous étions accompagnés dans cette visite par le premier interprète de l'ambassade. Le général a dit en français au Sultan qu'il ne voulait pas quitter Constantinople sans lui présenter ses respects et lui donner l'assurance de son dévouement à sa cause. L'interprète a traduit cela au Sultan qui a répondu en turc qu'il connaissait la valeur des armées françaises, que l'histoire en faisait foi, et qu'il espérait, avec l'aide de Dieu et des Français, le triomphe de son bon droit. Le général nous a ensuite successivement présentés, et nous nous sommes retirés en faisant les trois saluts d'usage, puis on nous a reconduits dans notre première salle où nous avons encore fumé un chibouque et bu une nouvelle tasse de café.

Demain, mardi, nous devons aller voir le ministre de la guerre, le grand-vizir, qui est le représentant du pouvoir temporel, et le scheik du pouvoir spirituel.

Je vous rendrai compte de ces nouvelles présentations avant de finir ma lettre qui, je m'en aperçois, ne peut plus partir aujourd'hui.

Le 31 janvier 1855.

Hier, à midi, nous sommes allés prendre le général pour faire nos visites, et en même temps que nous arrivions, il recevait du général en chef l'ordre de se rendre en Crimée le plus tôt possible. Nous nous embarquons le 6 février pour être rendus le 9 ou le 10 à la baie de Kamiesch, et quand vous recevrez cette lettre, il est plus que probable que nous serons devant Sébastopol. On peut espérer que nous ne resterons plus longtemps en échec, car l'armée, bien qu'elle ait beaucoup souffert des rigueurs de la saison, est néanmoins magnifique d'ardeur et de courage et demande l'assaut. La garde, qui est ici depuis quelques jours, part demain, et le général en chef, espérant le beau temps, veut avoir toutes ses forces à sa disposition ; c'est pourquoi il nous fait venir : tout porte donc à croire, si en effet le temps devient favorable, que dans un mois nous serons dans Sébastopol.

Quant à nos visites d'hier, elles se sont faites dans les mêmes formes que celle au Sultan. Nous avons été chez le ministre de la guerre, le grand-vizir et le ministre des affaires étrangères. Partout il a fallu fumer un chibouque et boire du café dans un coquetier.

Le grand-vizir Réchid-Pacha paraît être un homme très distingué; il parle fort bien le français. C'est le premier Turc qui m'ait fait de l'impression. Quant à la magnificence orientale, c'est à mes yeux un véritable mythe; il est possible qu'elle ait existé autrefois, mais à présent il n'en reste plus rien, et tout a l'air bien misérable.

Je vous remercie tous des conseils que vous me donnez; soyez convaincus que si je ne les suivais par raison, je le ferais pour l'amour de vous. Ainsi, à la suite de toutes mes courses à Daoud-Pacha, où j'ai eu chaud, froid, où j'ai toujours eu la pluie et la neige, j'ai senti que j'allais être enrhumé; j'ai alors été trouver l'ami Bourgeois pour lui demander quelques petits remèdes. Il m'a offert avec tant de bonté et de franchise de rester chez lui pendant deux jours pour me soigner, que j'ai accepté sans façon, et, comme il me l'avait promis, dans ces deux jours mon rhume a avorté; il n'y paraît plus.

Bourgeois et Boudier sont vraiment deux bien bons amis pour moi, et jamais je n'oublierai de quelle manière affectueuse ils m'ont reçu.

Quant à toi, ma bonne Marie, sache bien que je n'ai oublié aucune de nos conventions.

Adieu, vous tous que j'aime, puissiez-vous être en aussi bonne santé que moi, et surtout aussi moralement tranquilles que je le suis.

Je vous embrasse tous trois du plus profond de mon cœur.

H. LOIZILLON.

VII

Baie de Kamiesch, le 9 février 1855.

Mes chers parents,

Depuis trois heures, nous sommes dans la baie de Kamiesch. Il est assez difficile de vous en faire une description, parce que cela ne ressemble en rien à ce que vous pouvez vous imaginer, et aussi parce que nous avons à peine pu l'examiner. Cependant je vais vous dire le peu que nous en savons.

La baie de Kamiesch est au sud de Sébastopol : elle se bifurque à son extrémité, comme l'indique la figure ci-contre. Sa profondeur est de 6 à 7 mètres, ce qui permet aux bâtiments de commerce les plus forts d'y avoir accès. L'entrée est fermée par une estacade dont le but est probablement d'arrêter les brûlots que les Russes, à un moment propice, pourraient lancer pour incendier les vaisseaux du commerce. Les côtes sont seulement à hauteur de l'eau ; elles présentent une très belle plage très favorable aux débarquements.

C'est sur cette plage que se trouve le camp de Kamiesch, qui se compose de petits détachements établis pour fournir des corvées de déchargement et une sorte de point intermédiaire entre la flotte et le grand camp. Nous allons probablement y rester une quinzaine de jours, afin de nous donner le temps de réunir toute notre division, et alors nous irons nous joindre au grand camp.

L'aspect du camp de Kamiesch est fort animé : beaucoup de mouvement, de transports ; les soldats s'y trouvent mêlés aux marins, et à des bourgeois qui sont des marchands de toute espèce.

Au camp les hommes sont sous des tentes de seize places.

Il y a quelques baraques assez spacieuses affectées aux écuries ; je suis d'autant plus heureux de cette circonstance que j'ai un de mes chevaux très malade et, s'il avait fallu le laisser en plein vent, il serait mort certainement. Peut-être aura-t-il le même sort dans une écurie, je ne me le dissimule pas. Heureusement c'est le moins bon ; néanmoins, sa perte me mettrait dans un grand embarras, parce qu'ici il n'y a pas moyen de se remonter.

Lorsque nous sommes arrivés, il faisait très froid ; un vent du nord, glacial, nous coupait la figure sur le pont et, cependant, dans le camp, on ne voyait pas la moindre fumée. Ce n'est qu'à quatre heures, une heure après que nous avions jeté l'ancre, que nous avons vu quelques petits feux pour faire la soupe. Je crois que le froid est ce qu'il y a de plus difficile à supporter, et on manque complètement de bois. Tout celui que l'on brûle vient de Constantinople.

En ce moment la température s'est un peu élevée, mais il pleut à verse, ce qui va beaucoup contrarier notre débarquement demain matin. Comme nous sommes arrivés à trois heures, il était trop tard pour débarquer, et nous couchons encore à bord cette nuit ; on peut dire que nous jouissons de notre reste, et que, pour quelque temps au moins, il va falloir renoncer au confortable de l'existence.

Toujours d'après le petit croquis de la première page, vous voyez que la route que nous avons suivie vient du sud-ouest, mais nous n'étions pas tout à fait sûrs de notre chemin, et nous avons incliné un peu trop au nord, ce qui nous jetait sur Sébastopol. Nous nous sommes arrêtés à temps et nous avons tourné à droite. Ce détour a eu l'avantage de nous faire voir les forts de la ville qui défendent l'entrée du port.

Ce sont d'immenses constructions dont nous n'avons pu distinguer les détails à cause de l'éloignement. Lorsque nous avons commencé à les apercevoir, nous avons entendu le canon : on a tiré, dans l'espace d'une demi-heure, une cinquantaine de coups, tant de la place que du camp. Comme vous pouvez le penser, ces coups de canon nous ont tous remués.

Après avoir tourné à droite pour changer de route et entrer dans la baie, nous avons traversé la ligne de l'escadre française, dont tous les vaisseaux sont en échelons, de manière à présenter toutes ses pièces à la flotte russe si elle s'avisait de sortir.

Vous voyez que tout ce que j'ai à vous dire est fort peu détaillé ; aussi je remets les détails pour ma prochaine lettre, dans une dizaine de jours, j'aurai alors eu le temps de m'installer et de vous en rendre compte. Aujourd'hui, mon seul but est de vous avertir que nous sommes arrivés à la baie de Kamiesch, après avoir traversé la mer Noire sans faire naufrage.

Notre voyage a été très intéressant. En sortant de Constantinople, mardi, nous avons navigué dans le Bosphore pendant une heure pour arriver à la baie de Béïcos et y faire du charbon. Les rives du Bosphore sont admirables de pittoresque, particulièrement sur la côte d'Asie. Béïcos qui se trouve sur cette côte est un misérable village qui ne doit sa célébrité actuelle qu'à sa situation sur une baie très sûre. Pendant le reste du trajet du Bosphore, à la sortie de Béïcos, nous avons joui d'un spectacle toujours nouveau : des habitations, des forts, des batteries, des montagnes, des ravins, des précipices, etc., etc.

A la sortie du canal il s'est passé un petit drame. Un chasse-marée ayant à son aviron un petit canot nous a coupé le chemin parce qu'il était mal gouverné ; les vagues produites par notre machine ont submergé le canot sur lequel était un homme. Immédiatement le cri : arrêtez, un homme à la mer, s'est fait entendre de tous les bâtiments. Heureusement ce marin nageait très bien, et on a eu le temps de le repêcher.

Cette mer Noire que nous n'abordions qu'avec le souvenir des récits qu'on nous avait faits sur son mauvais caractère, nous a paru dans le commencement de la meilleure composition du monde. Mais nous en sommes revenus, de cette bonne opinion ! Depuis hier elle est devenue furieuse ; nous dansions sur la pointe de vagues énormes, comme un chétif petit morceau de bois. Presque tout le monde avait le mal de mer. Conégliano et moi n'avons pas été atteints ; aussi, après cette expérience, nous considérons-nous comme n'ayant désormais plus rien à craindre. Le moment le plus amusant a été celui du dîner : d'abord nous étions réduits des trois quarts, presque tous les passagers étant occupés à ce que vous savez dans leurs cabines. Quant à moi, je n'ai jamais tant mangé que ce jour-là en particulier ; il paraît que l'appétit est pour moi le mal de mer.

J'ai fait cette traversée avec le général Pélissier, le général Rivet et leurs aides de camp.

Le général Pélissier est nommé commandant du deuxième corps, car l'armée est partagée maintenant en deux corps, et le général Rivet est son chef d'état-major.

Voilà tout ce que j'ai à vous dire pour le moment : je dois y ajouter encore les compliments de mon ami Conégliano. Notre amitié se resserre de plus en plus, et chaque jour nous nous applaudissons de l'heureuse chance qui nous a réunis.

Je vous embrasse tous en vous priant d'être mon affectueux interprète auprès de nos amis.

H. LOIZILLON.

On dit ici que la guerre avec la Prusse est déclarée. Si cela est vrai, vous allez avoir une armée du Rhin, dans laquelle vous auriez peut-être mieux aimé me voir qu'ici.

VIII

Camp de Kamiesch, le 22 février 1855.

Mes chers parents,

Vous devez déjà savoir par quel temps épouvantable nous avons débarqué le 9. Il a continué les jours suivants.

Enfin, le vent s'est mis de la partie et a un peu séché le terrain, ce qui nous a permis de quitter l'emplacement boueux sur lequel nous couchions, pour un autre plus sec et un peu plus abrité du vent du nord. Dans cet établissement, la nécessité m'a rendu industrieux. J'ai payé quelques hommes et leur ai fait creuser le sol de ma tente à soixante centimètres de profondeur ; j'y ai construit ensuite *une cheminée qui ne fume pas du tout*, et près de laquelle je vous écris en ce moment.

Avant d'en arriver là, j'ai passé par bien des péripéties. J'ai commencé l'opération du creusage par une belle journée, mais le soir m'a surpris avant la fin, et j'ai dû demander l'hospitalité pour la nuit à un de mes camarades. Malheureusement le lendemain matin nous nous sommes réveillés avec un pied de neige et six degrés de froid accompagnés d'un vent du nord glacial ; c'était le jour du mardi-gras ; je vous assure que nous avons passé très froidement cette fête. Enfin, après deux jours, la neige a un peu fondu sous l'action d'un pâle soleil, ce qui m'a permis de dresser ma tente et d'achever ma cheminée.

Le froid n'a pas tardé à reparaître, et plus intense que jamais ; je suis, du moins, mieux pourvu pour le combattre et, le soir, je donne l'hospitalité aux autres, sous la condition toutefois qu'ils apportent leur bûche. Vous savez que le bois est très rare, et que nos ordonnances, qui partent le matin, ont toutes les peines du monde à rapporter le soir un petit sac de racines de vigne ; je dis racines, car après avoir brûlé les ceps on en est venu à retourner la terre pour utiliser jusqu'aux moindres brindilles (1).

Vous voyez que jusqu'ici nous n'avons pas été favorisés par le temps : au dire de tous, la journée de notre débarquement a été la plus mauvaise depuis l'ouverture du siège.

Néanmoins, je suis bien content que nous ayons essuyé cette mésaventure ; elle nous a donné la mesure de nos forces, et nous avons lieu d'être des plus satisfaits ; nous sommes tous en bonne santé, et nous ne pensons qu'à bien vivre : manger, boire, dormir et rire surtout.

Je vais vous donner l'emploi de notre temps : le matin au réveil (six heures) le premier soin est d'aller prendre une tasse de café noir dans laquelle on trempe un morceau de pain ; c'est très bon et, avant d'en avoir essayé, je n'aurais jamais cru que cela soutenait autant. Ensuite

______

(1) La même phrase se trouve presque textuellement dans l'ouvrage de C. Rousset. T. II, p. 17. — L'Hiver.   (*Note de l'Éditeur.*)

on va sous la tente-bureau faire la correspondance s'il y en a : nous n'avons jamais eu autant à écrire que pendant les jours les plus froids, et il nous a été impossible de continuer, l'encre gelant dans nos plumes. Nous avons dû finir nos lettres au crayon.

Le plus souvent, le matin, on monte à cheval pour faire le tour des camps, savoir ce qu'il y a de nouveau et commander le service. A dix heures, nous déjeunons et l'on va se promener, ou bien on travaille s'il y a de l'ouvrage. A six heures nous dînons, nous prenons le café, on cause et l'on fume, et l'on va se coucher dans son bon lit de cantine, où je dors aussi bien et où j'ai aussi chaud que dans un vrai lit. Vous voyez que nous sommes parfaitement bien, sans compter que notre cuisinier ne serait pas déplacé chez Véfour.

Pour vous donner une idée de nos repas, je vous envoie le menu de notre déjeuner de ce matin. Des rognons, des pommes de terre au lard, du bœuf remoulade, des conserves de saumon, du fromage, du vin ordinaire et, au dessert, un verre de vin de Bordeaux.

Les dîners sont tout aussi beaux : d'après cela vous jugerez que nous ne sommes pas à plaindre ; je trouve même que nous vivons beaucoup trop bien, et je crains fort que les provisions que nous avons achetées quatre cents francs, à Constantinople, ne soient bientôt usées. Néanmoins, comme nous sommes six, le lieutenant-colonel, chef d'état-major, le sous-intendant, le chef d'escadron, les deux capitaines d'état-major et le capitaine de gendarmerie, et que l'on paye au prorata des appointements, il est à présumer que la pension, pour moi, ira de cinquante à soixante francs. Le principe du chef d'état-major est de se bien nourrir, afin de n'être pas malade, et en cela il a parfaitement raison.

Quant à l'armée, son entrain et son bon esprit tiennent du prodige. En dépit des misères qu'ils ont supportées, pataugeant dans la boue, ou fournissant des corvées par un froid de cinq à six degrés, tous ces braves paraissent contents et heureux; ils ont toujours le mot pour rire et la chanson aux lèvres. C'est ce qui m'a le plus frappé en débarquant.

Dans la nuit du lundi au mardi-gras, on a voulu tenter une expédition pour enlever une avant-garde russe de quatre mille hommes. Toutes les mesures étaient prises, malheureusement le mauvais temps et le froid ont arrêté les projets. Nous avons eu même des congelés, et en assez grand nombre, à cette occasion.

Malgré le froid, il n'y a de souffrances que pour les troupes qui montent la garde à la tranchée; les autres couchent sous leurs tentes à seize hommes, où l'agglomération leur fournit du calorique.

On prend d'ailleurs toutes les précautions imaginables. Ainsi, chaque homme, outre ses effets ordinaires, a une peau de mouton, de grandes guêtres en peau de mouton, des sabots, des gants, des bas, de grandes capotes à capuchon et une ample calotte rouge, nommée *chechia*. Toutes ces tenues, couvertes de boue, sont d'un effet des plus pittoresques; elles feraient ouvrir de bien grands yeux aux Parisiens si, tout d'un coup, l'armée était transportée sur les boulevards.

Les officiers ont les mêmes effets que les soldats, seulement ils les payent; nous naviguons donc tous en sabots et, quand l'obligation de monter à cheval nous fait reprendre nos bottes, nous sommes gelés, tant les sabots nous ont rendu frileux.

Malgré toutes nos occupations, j'ai trouvé le temps d'aller voir les tranchées. Elles sont poussées très près de la place : à quarante ou cinquante mètres, on voit les travaux des Russes.

Ils ont accumulé devant nos tranchées des masses de travaux accessoires, tels que chevaux de frise, chausse-trapes, etc., etc. Ils tirent toujours à des intervalles plus ou moins rapprochés ; heureusement ils ne touchent personne.

Quant à nous, nous avons complètement cessé notre feu, jusqu'au moment où nous démasquerons nos batteries ; alors, il y aura un concert de plus de trois mille pièces de canon.

Nous ne sommes pas encore au grand camp ; nous occupons les bords de la baie de Kamiesch, où nous devons organiser un camp retranché qui, en cas de revers, protégerait notre embarquement. Il est présumable que nous demeurerons dans cette position près d'un mois encore ; après quoi nous irons nous établir derrière le grand quartier général, pour y faire notre office de réserve, car nous ne sommes plus 9me division, mais bien division de réserve.

Le 23. — Le temps continue à être de plus en plus rude ; il est midi et il y a quatre degrés et demi, à huit heures du matin il y en avait six et demi.

Adieu, mes chers parents, répondez-moi bientôt et croyez toujours à l'affection de votre fils dévoué.

H. Loizillon.

IX

Camp de Kamiesch, le 2 mars 1855.

Mes chers parents,

Je profite d'un moment de liberté pour vous écrire, bien que je n'aie rien d'intéressant ni de nouveau à vous apprendre depuis ma dernière lettre qui date seulement de quelques jours.

Nous sommes toujours sur la baie de Kamiesch, recevant les troupes de notre division qui nous arrivent chaque jour : elle aura un effectif double des autres, par la raison, je vous l'ai déjà dit, que nous devenons division de réserve. Ceci doit rassurer ma bonne mère, car nous serons les derniers à nous battre.

Ma santé est aussi florissante que possible, et j'ai atteint, je crois, le maximum sous ce rapport. Cette vie en plein air est des plus fortifiantes, l'appétit augmente et, quand on peut, comme nous, le satisfaire, on se porte admirablement.

Loin de regretter, un seul instant, d'être ici, je ne voudrais pas, pour tout au monde, avoir manqué l'occasion d'y venir. Les ennuis du mauvais temps ont glissé sur nous sans laisser de trace ; nous tempérions les rigueurs du froid par des plaisanteries. Du reste, les plus mauvais moments sont passés et, après le froid un peu rude que nous avons subi, jusqu'à huit degrés, nous entrons dans une période plus douce.

Notre pension est toujours très bonne. A considérer comment nous vivons, la dépense de soixante francs paraît bien peu de chose, même en tenant compte de ce que la viande et le pain ne nous coûtent rien. Figurez-vous qu'un vulgaire chou se paye ici un franc cinquante.

Nous allons être tout à fait grands seigneurs, car notre table, dressée jusqu'ici sous une tente où l'on gèle en mangeant, va être transportée dans une baraque en planches que l'on construit pour le chef d'état-major. Dans cette même baraque fonctionneront nos bureaux.

La besogne ne chôme pas, à cause de l'installation de notre division et aussi parce que notre état-major n'est pas au complet. Malgré nos occupations de bureau, le général a tenu à ce que nous allions reconnaître tout le terrain de la position. Cela m'a permis de visiter toutes les tranchées, et je n'y ai pas mis moins de cinq heures. J'ai vu les embuscades des Russes qui sont à cinquante ou soixante mètres des nôtres ; ils tirent beaucoup, mais leur tir a peu d'effet ; depuis deux heures, on entend continuellement leurs pièces de gros calibre. Nos batteries ne tirent pas ; on les approvisionne à quatre cent cinquante coups par pièce, de sorte que lorsqu'on ouvrira le feu, nous produirons un effet terrible dans la ville, car tout coup portera.

J'ai été passer une après-dînée à l'observatoire de l'état-major général, et j'ai promené ma lunette sur tous les points de Sébastopol, dont je distinguais les moindres détails.

Depuis que les Français attaquent la Tour Malakoff, (objectif antérieur des Anglais qui n'ont rien fait de bon), elle s'est doublée d'un ouvrage immense, tout hérissé de canons : de quelque côté que l'on se tourne, on ne voit que des embrasures, à double étage sur beaucoup de points. On aperçoit très distinctement des myriades de soldats russes travaillant aux ouvrages, transportant les boulets, etc., etc. Prendre cette ville ne sera point une petite affaire, mais je ne mets pas le succès en doute. Nos soldats ont tant d'ardeur qu'ils viendront à bout de tout. Nous entrerons dans Sébastopol.

Dans la nuit du 20 au 21 (1) nous avons eu une affaire très brillante : on s'est proposé d'enlever des ouvrages situés au nord de la tour Malakoff et défendus par six ou sept mille russes. Douze cents zouaves y ont pénétré, ont abordé l'ennemi à la baïonnette et l'ont chassé dans la place. Les Russes de la place ont eu une telle peur de l'audace de nos soldats, qu'ils tiraient le canon sur les leurs comme sur les nôtres.

Cette affaire nous a coûté fort cher ; nous avons eu 94 tués et 17 officiers hors de combat. Malgré ces pertes, le résultat est très beau comme effet moral.

Dans mes pérégrinations, j'ai été voir le monastère de Saint-Georges, où vivent encore 17 moines.

Beaucoup de femmes russes, presque toutes des

---

(1) Il y a là une légère confusion dans les dates: il s'agit du combat de nuit des 23-24 février. Le 2ᵉ zouaves, commandé par le colonel Cler, attaqua avec héroïsme les ouvrages russes qui prirent plus tard le nom de redoute Selenghinsk. Le jugement porté par C. Rousset (T. II, p. 70), sur cette affaire est exactement celui du capitaine Henri Loizillon.

(Note de l'Éditeur.)

paysannes, et quelques familles d'officiers sont venues s'y réfugier. Dans le nombre il y a, dit-on, deux très belles jeunes filles, mais je n'ai pas eu la bonne chance de les apercevoir. Tout ce monde est sous la sauvegarde d'un poste de zouaves, qui les gardent à vue pour les empêcher de communiquer avec la place.

Ce monastère, bâti sur une crique demi-circulaire fort élevée, est dans une situation ravissante. A droite et à gauche se dressent deux énormes rochers dont l'un porte le nom d'Iphigénie, parce que c'est là qu'elle a été sacrifiée. En descendant du monastère à la mer, on trouve sur le bord de l'eau un petit ermitage charmant; il a été construit par un capitaine d'artillerie français, prisonnier en Russie, qui y est resté après la paix et y est mort. Cet ermitage est maintenant habité par le plus vieux moine.

. . . .

. . . .

Souvenirs à nos parents et amis, je vous embrasse tous trois comme je vous aime.

H. LOIZILLON.

X

Devant Sébastopol, le 15 mars 1855.

Je vous écris aujourd'hui pour vous dire simplement que je me porte bien; je crois même que j'engraisse.

A part cela, je ne sais rien qui puisse vous intéresser. Jusqu'à présent je vous ai habitués aux longues lettres; mais il faudra en revenir; je n'ai plus d'incidents à vous raconter, ni de description à vous faire. Notre vie est aussi tranquille et aussi calme (1) que celle d'un habitant du Marais. C'est triste, mais c'est ainsi. Néanmoins comme nous sommes fort occupés, le temps passe avec une rapidité étonnante.

L'entente cordiale qui existe entre tous les membres de

(1) Pieux mensonge qui ne put être soutenu longtemps. On verra par la lettre suivante que, dès le 4 mars, la division Brunet, installée sur le plateau du Carénage, commençait les travaux d'approche contre le Mamelon-Vert. Du 14 au 21 mars elle eut à livrer quatre combats de nuit, sanglants et glorieux préliminaires de la grande affaire du 22 mars, décrite dans la lettre du 26. « Le général Brunet me seconda avec toute son activité et son bon cœur de soldat », écrivait à l'occasion de cette lutte incessante le général Bosquet. (C. Rousset, T. II, p. 114.)

(Note de l'Éditeur.)

l'état-major, depuis le général jusqu'aux capitaines, ne fait que croître et embellir. Notre chef d'état-major est un camarade qui dirige le travail, bien plus qu'un chef, aussi notre popote est-elle très agréable.

Tout ce que je vous raconte ici vous semblera bien insignifiant devant les bruits et préoccupations qui doivent agiter actuellement l'Europe, dont nous occupons un petit point où les nouvelles arrivent sous des versions tellement différentes qu'il est presque impossible de se former une opinion.

Nicolas est mort, voilà ce qui est certain. Mais comment est-il mort? Est-ce naturellement ou est-ce un fait politique? Voilà ce que nous ignorons. — Quoi qu'il en soit, il est à présumer que cet événement va empêcher l'Empereur d'exécuter le projet, peut-être un peu téméraire, de venir en Crimée.

Je n'ai encore rien pu savoir sur vos protégés. A l'avenir quand vous aurez quelqu'un à me recommander, surtout des soldats, donnez-moi au moins le numéro du régiment, car autrement il serait aussi facile, comme on dit, de trouver une aiguille dans un tas de foin que l'individu que l'on cherche.

Je vous embrasse, et vous charge de mes amitiés pour tous nos parents et amis.

H. Loizillon.

XI

Devant Sébastopol, le 26 mars 1855.

Mes chers parents,

Je regrette bien de n'avoir pu vous écrire par le dernier courrier pour vous éviter les inquiétudes que peut-être les journaux vous ont causées.

Jusqu'à présent je vous ai caché la position qu'occupait notre division; mais cette précaution devient inutile; vous êtes maintenant renseignés par la presse.

Depuis le 4 de ce mois nous avons été chargés de l'attaque de la tour Malakoff, qui est, au dire de tout le monde, la clef de la ville. Le lendemain de notre arrivée, nous avons ouvert (je dis nous parce que c'est notre général qui est chargé des attaques) une tranchée à six cents mètres du mamelon dit le Mamelon-Vert, sur lequel les Russes se sont empressés de construire un ouvrage aussitôt qu'ils ont vu que c'étaient des Français qui les attaquaient de ce côté.

L'ouverture de la tranchée s'est faite avec beaucoup de bonheur. Les Russes ne s'en sont aperçus qu'au point du jour, alors ils ont fait feu de quarante pièces de position qu'ils ont là, et de tous leurs vaisseaux. Heureusement nous étions assez enfoncés pour être à couvert, et ils ne nous ont tué qu'une dizaine d'hommes.

Le lendemain dans la journée, leurs embuscades qui ne sont qu'à cent mètres de nos parallèles, gênaient beaucoup nos travailleurs : à la chute du jour on les a enlevées. Cela nous a valu un nouveau feu d'artillerie, près duquel celui de la veille n'était que de la Saint-Jean. — C'est vraiment une chose providentielle que le peu d'effet des boulets : ils pleuvaient de tous les côtés, traversaient l'épaulement de la parallèle, passaient au milieu des hommes, et le résultat a été quatre hommes tués et dix blessés.

Les embuscades une fois en notre pouvoir et l'artillerie russe ayant cessé son feu à cause de la nuit, tout le monde (j'entends ici les travailleurs, les généraux, les officiers) se dispersa sur le plateau en arrière de la parallèle. Ce couloir, en effet, était tellement étroit et encombré qu'on ne pouvait y circuler.

En ce moment éclate une canonnade plus violente encore, si possible, que la précédente ; les Russes poussent les cris par lesquels ils s'excitent d'ordinaire à l'attaque ; leur infanterie, massée à droite et à gauche, se rue sur les embuscades et cherche à les reprendre. — Ils ont réussi pour deux ; mais ils sont venus se briser contre la troisième qui était la plus importante et qui est restée en notre pouvoir.

Comme ils n'attaquent jamais qu'avec des masses et que nous avions fort peu de monde dans nos tranchées, le général avec lequel je me trouvais sur le plateau, au milieu de cette canonnade, m'a envoyé chercher des troupes de renfort.

Pour y aller j'étais obligé de descendre le revers gauche
du plateau et de tomber dans le ravin du Carénage dont
les flancs sont de véritables murs en roches nues. Tous
les bâtiments russes, à l'ancre dans le port du Carénage,
enfilent ce ravin et, pour le franchir à l'abri, on y a
creusé une petite tranchée que j'avais traversée une seule
fois, mais malheureusement la nuit.

J'arrive donc dans ce ravin, au moment où tous les
bâtiments, supposant qu'il recélait quelque concentration
de nos troupes, ouvraient le feu et y envoyaient force
projectiles. Pour comble je m'étais égaré dans l'obscurité
et, tournant trop tôt à gauche, je manquai la tranchée, de
sorte que je cheminais complètement à découvert : les
boulets sifflaient à mes oreilles, les bombes éclataient
au-dessus de ma tête ou à mes côtés, en nombre beaucoup plus grand que je ne l'aurais souhaité.

Il faisait noir à ne pas voir à deux pas devant soi. Ne
trouvant pas la tranchée, je pris le parti de traverser le
ravin au pas de course. Ce fut pour venir me heurter de
l'autre côté contre un mur de roches infranchissables.
Reprenant ma course, et toujours accompagné par les
boulets, je longeai cette muraille et j'allai brusquement
tomber dans la tranchée que je ne voyais pas.

De là je gagnai un autre petit ravin, perpendiculaire au
premier et par conséquent bien défilé, dans lequel j'avais
laissé mon cheval. En ce point à l'abri, étaient dressées
quelques tentes formant ambulance volante, où se trouvaient les blessés et les morts de la journée.

Voyant les docteurs dans une caverne toute proche des
tentes, je me mis en mesure de les joindre, pour leur
demander des nouvelles d'un officier blessé deux heures
auparavant. Je n'étais pas à dix pas d'une tente, quand
j'entendis une explosion et la vis sauter en l'air. Une

bombe qui arrivait au terme de sa course avait roulé dans le ravin et s'était enfoncée sous cette tente où elle a éclaté. — C'était la tente des pansements. — Par un heureux hasard il ne s'y trouvait personne; mais les instruments des docteurs, les médicaments, etc., tout a disparu. Quant à moi, j'ai été couvert de terre et de lambeaux de toile, et pas la moindre contusion!... Voilà, avec mon voyage dans le ravin, le plus grand danger que j'aie couru; depuis ce moment nous n'avons plus été exposés et nous ne le serons, je crois, jamais beaucoup (1).

J'ai été chercher les troupes qu'on m'avait désignées, mais elles étaient inutiles, les Russes ayant déjà fait retraite.

Depuis cette nuit, nous avons poussé nos travaux avec une grande activité. L'ennemi en est gêné, aussi toutes les nuits, depuis une quinzaine, on soutient des combats dans lesquels nous avons toujours le dessus.

Le 22, au lieu d'un combat, on a eu bel et bien une véritable bataille : dix mille Russes (2) sont venus attaquer la gauche de notre parallèle qui n'était gardée sur ce point que par douze cents hommes qui ont supporté le choc. — Nos soldats ont tous été des héros. Les Russes sont d'abord venus dans la parallèle, mais on les a tous tués à coups de baïonnettes et de pioches; on luttait

---

(1) La suite prouvera le contraire. — Loizillon devait courir bien d'autres chances devant Malakoff. Cette préoccupation constante de calmer les inquiétudes de ses parents a pour effet d'adoucir les tableaux qu'il leur présente, de modifier intentionnellement certaines dates, etc... A l'inverse des correspondances militaires, ses récits demeurent toujours au-dessous de la vérité.   (*Note de l'Éditeur.*)

(2) Onze bataillons commandés par le général Khroulef. Les Russes, dans leurs récits de cette sanglante affaire du 21, évaluent leur effectif à six mille hommes et avouent le chiffre énorme de treize cents hommes hors de combat. (C. Rousset, T. II, p. 118.)   (*Note de l'Éditeur.*)

corps à corps, à coups de pierres, avec tout ce qu'on avait sous la main. — Le 1ᵉʳ bataillon du 11ᵉ léger qui a été le premier engagé, s'est couvert de gloire ; malheureusement il a fait des pertes énormes ; sur cinq cents hommes, il en a deux cent seize tués ou blessés ; sur dix-sept officiers, quatre ont été tués, et huit blessés dont un est déjà mort et deux amputés. Le pauvre Leré que j'allais faire passer sergent (son colonel m'avait promis la première place pour lui) a aussi été tué. Je laisse à Marie le soin d'apprécier ce qu'elle a à faire à l'égard de la famille.

Le matin qui a suivi cette nuit a présenté un spectacle affreux ; six ou sept cents cadavres étaient entre notre parallèle et les embuscades russes ; il y avait beaucoup plus de Russes que de Français.

A midi il y a eu armistice pour enterrer les morts. Nous avons été avec le général Brunet qui présidait cette triste opération : un général russe est également venu avec son état-major. Les Français d'un côté apportaient, sur la ligne de démarcation les corps des Russes tués, et réciproquement les Russes apportaient les cadavres français.

Nous leur avons remis plus de cinq cents morts, et avec ce qu'ils ont enlevé la nuit, on estime leurs pertes à douze ou quinze cents tués. — Quant à nous, nous avons eu six cents hommes hors de combat ; c'est peu en comparaison des pertes de l'ennemi, mais c'est beaucoup trop si l'on songe à la valeur des soldats que nous avons perdus.

Immédiatement après l'armistice, on s'est de plus belle canonné de part et d'autre ; les nuits suivantes ont été marquées encore par de légers combats, mais sans importance ; la nuit dernière il n'y a rien eu. C'est la première nuit que depuis dix-sept jours je passe tout entière dans mon lit, et je vous assure que j'en ai bien profité.

Nous sommes d'abord de garde de tranchée tous les quatre jours, comme tous les autres capitaines d'état-major, et, en outre, nous avons, tous les trois jours, une nuit d'observation, c'est-à-dire que, sur un point élevé en arrière de la tranchée, nous examinons avec une lunette tout ce qui se passe dans la ville. L'avant-dernière nuit j'étais d'observation et j'ai vu nos fusées allumer un superbe incendie que les Russes, d'ailleurs, ont éteint avec une rapidité surprenante.

Outre ce service régulier, comme notre général est chargé des attaques, toutes les fois qu'il y a quelque chose, il monte à cheval et nous emmène avec lui, et voilà pourquoi la dernière nuit est la première que nous ayons passée tout entière dans notre lit. Néanmoins, chose extraordinaire, je ne me suis jamais mieux porté que maintenant : au commencement de toutes ces attaques, j'avais, comme beaucoup d'autres, quelques accès de fièvre; ces nuits passées en plein air me les ont complètement enlevés, et je suis dans un brillant état de santé.

Quant à ma position à la division, elle ne fait que s'améliorer chaque jour : on est très content de moi pour l'activité extérieure et le service du bureau et je commence à avoir de la réputation; la preuve en est qu'hier le général Lafont de Villiers vint me demander au général Brunet comme aide de camp. Celui-ci a répondu qu'il me laissait libre.

Le général Lafont est donc venu me faire sa proposition : il l'a tellement entourée de cajoleries que je ne pouvais jamais saisir le moment de lui lancer mon refus. Pour rompre l'entretien je lui ai demandé vingt-quatre

heures de réflexion et c'est dans un instant que je lui
porterai ma réponse.

J'aurais eu des avantages avec lui : d'abord de manger
à sa table, ce qui m'aurait permis de faire des économies
et de m'acquitter plus vite de mes obligations en France,
ensuite le général Lafont est, je crois, un homme d'avenir et eût pu m'être utile. Mais ma foi je suis tellement
bien où je suis, si fort attaché déjà à mon général, que je
n'ai pas voulu quitter ma position pour une autre que je
ne connais pas.

A propos d'économie, j'ai eu un échec ce mois-ci : un
de mes camarades du 11e léger, blessé et qui a été évacué sur Constantinople, n'avait pas le sou, et m'a fait
demander de lui prêter cent francs : je les lui ai envoyés.
S'il ne meurt pas, il me les rendra. Ce prêt m'empêchera
d'adresser à Marie les cent francs que je voulais la char-
ger de remettre, car je me conserve forcément les ressources nécessaires pour un mulet ou un cheval de bât.

Outre mon activité, une des grandes causes de la faveur,
exagérée sans doute, dont je jouis à la division, est que
je me suis révélé ingénieur. — Malgré nos occupations,
j'ai trouvé le moyen, dans quelques moments de liberté,
de construire un grand bassin où j'ai réuni un certain
nombre de sources que l'on ne pouvait utiliser. J'ai maintenant un bassin de vingt mètres de long, sur huit de
large et un mètre de profondeur, et j'ai installé à côté
un abreuvoir pour les chevaux.

Depuis que mon travail est terminé, tout le monde, à
de très grandes distances, vient y prendre l'eau : les ambulances qui sont à plus d'une lieue y viennent aussi,
parce que mon eau (je dis mon parce qu'on l'appelle
l'abreuvoir Loizillon) est la plus limpide qu'il y ait aux
environs.

Mon œuvre me fait d'autant plus d'honneur que le génie, avec toutes ses ressources, a voulu creuser un abreuvoir dans un ravin, à côté du mien, mais il a subi un fiasco complet, et les troupes, pour lesquelles il travaillait, viennent se servir chez moi.

Le général du génie anglais m'a même envoyé un officier pour prendre mes conseils, en vue d'établir un bassin voisin du mien et aménagé de même façon.

La question de l'eau nous préoccupe beaucoup en ce moment, car on craint que la chaleur ne diminue le débit des sources. On s'efforce, par suite, de prendre des mesures pour mettre à profit le moindre filet; d'où l'importance attachée à mon abreuvoir.

Le général Brunet a écrit à ce sujet au général Bosquet, qui commande le deuxième corps, une lettre des plus flatteuses pour moi. Le général Bosquet m'a fait appeler pour me remercier, m'a donné beaucoup d'éloges, et m'a chargé de découvrir les sources près de la tranchée. J'y suis allé aujourd'hui; j'en ai trouvé trois, et en ce moment je fais creuser des puits où je n'enterrerai pas, je l'espère, ma réputation naissante et acquise sans la chercher.

Ma lettre a été interrompue tout à l'heure par l'arrivée sous ma tente du général Lafont de Villiers, qui venait s'enquérir de ma réponse. J'ai décliné ses offres avec toutes sortes de précautions oratoires. Il m'a témoigné beaucoup de regrets, mais il m'a dit qu'il me comprenait, et j'espère qu'il ne m'en voudra pas. J'étais fort embarrassé pour formuler mon refus, et j'aurais bien mieux aimé que le général Lafont me fît faire cette proposition par le chef d'état-major au lieu de s'adresser directement à moi. Enfin, je crois ne pas m'en être tiré trop mal.

Je vous remercie tous de m'écrire aussi souvent, madame D..., Marie et vous, mes bons parents de Bitche.

Un courrier qui arrive est ici un grand événement, et ceux qui n'ont pas de lettres sont tristes pendant toute la soirée. Je remercie en particulier ma bonne mère de m'écrire chaque fois; ses lettres me sont précieuses et je les relis bien souvent. Je suis très heureux d'avoir suivi mon inspiration d'aller vous voir avant de partir, malgré les conseils de quelques personnes qui me disaient qu'il fallait autant que possible éviter ces adieux toujours pénibles. Il y a du vrai dans cette thèse, mais d'un autre côté la pensée de ces adieux pénibles est douce, et toutes les fois que je m'endors, c'est avec votre souvenir.

Je vous envoie des violettes que j'ai cueillies en cherchant une source; elles ont le mérite d'avoir été prises à huit cents mètres du Mamelon-Vert, dans un terrain sillonné par les boulets (pas dans le moment où j'étais occupé à les cueillir).

Adieu, mes chers parents (je comprends maintenant dans le mot la famille D..., c'est entendu), je vous embrasse de tout mon cœur et suis toujours votre fils dévoué qui continue à être enchanté de sa position.

Henri Loizillon.

XII

Devant Sébastopol, le 30 mars 1855.

Ma chère Marie,

J'ai reçu ta lettre à la tranchée, et je l'ai savourée avec bien plus de bonheur encore que sous la tente; aussi, pour te remercier, bien que je tombe de fatigue et que j'aie grand besoin de sommeil, je veux t'écrire quelques mots.

Ma santé est plus florissante que jamais; non seulement je ne tousse plus, mais je n'ai pas été enrhumé une seule fois depuis que j'ai mis le pied sur le sol russe.

Ma conviction actuelle est que, pour se bien porter, se fortifier, il faut se rapprocher le plus possible de la vie des animaux, je ne dis pas domestiques, ils sont habitués à des soins, mais des animaux sauvages.

Je dors maintenant sur le revers d'un fossé aussi bien que sur le lit le plus moelleux. Tu vois donc bien que sous. tous les rapports tu peux être tranqu lle sur mon compte, d'autant plus que notre position est bien meilleure que vous ne pouvez vous le figurer.

Il ne m'a pas été possible aujourd'hui de te cueillir des violettes, messieurs les Russes étaient de trop mauvaise humeur. Ils nous ont envoyé toute la journée et toute la nuit des masses de projectiles qui nous ont tué trois hommes et blessé vingt-cinq. Parmi les morts se trouve un jeune capitaine d'artillerie, M. Boissonnet, qui, s'il avait suivi mes conseils, n'aurait probablement pas été tué. Il était chargé de la direction du tir de deux obusiers de montagne placés dans la parallèle, et qui devaient inquiéter les embuscades russes. Je lui avais dit de changer souvent de place. Il n'en a rien fait, il est toujours resté au même endroit et a été emporté par une bombe. Celle-ci a en même temps communiqué le feu à un caisson dont les éclats ont mis en lambeaux ce malheureux officier, à tel point qu'il était impossible de reconnaître dans ces restes une forme humaine.

Nos travaux marchent toujours avec quelques pertes et beaucoup de difficultés; mais enfin nous avançons et nous espérons le succès, pas toutefois dans un avenir aussi rapproché que tu le penses. L'ouverture générale du feu a subi de grands retards; il paraît néanmoins qu'elle aura lieu sous peu; mais je l'ai si souvent entendu dire par les grandes autorités que je ne serais pas surpris d'attendre encore un mois.

Je termine ma lettre en te disant que je vais aussi bien que possible, que je ne me refuse rien, que j'embrasse les parents D... et Loizillon de tout mon cœur, et qu'enfin je suis toujours le même, pas meilleur, mais pas plus mauvais.

H. LOIZILLON.

XIII

Devant Sébastopol, le 6 avril 1855.

Mes chers parents,

Depuis ma dernière lettre, les Russes ont été très aimables; ils n'ont plus fait de sorties, ce qui nous a permis de dormir dans notre lit toutes les fois que nous n'étions pas de garde. Il est vrai que nous avons ici de si beaux et brillants clairs de lune qu'il leur serait impossible de préparer une sortie sans être éventés par nous et contrecarrés par des mesures prises à temps; aussi il n'y a pas le moindre risque de voir pour le moment se renouveler le combat du 23.

Depuis cette fameuse sortie, tout s'est borné à des canonnades de part et d'autre, canonnades qui arrêtent un peu les travaux, mais ne sont pas meurtrières. A part cela, je serais fort embarrassé de vous dire quelque chose de nouveau.

Tous les jours dans les camps on annonce que l'ouverture du feu est très prochaine, et toujours elle est reculée. On travaille beaucoup, on fait des tranchées en grand nombre et avec de grandes difficultés, car presque partout on rencontre le roc à fleur de terre, et il faut vraiment des soldats comme les nôtres pour exécuter ces travaux de Romains.

Du reste, plus on voit ces soldats et plus on les admire. Ils vont travailler le soir soit aux tranchées, soit aux batteries, sans être couverts contre les feux de la place, avec une insouciance et une gaieté dont on ne peut se faire d'idée, si l'on n'en a été témoin. Il faut entendre aussi leurs lazzis et leurs bons mots quand passent les boulets et les balles ! Je crois que dans les tranchées il se dépense encore plus d'esprit que de courage. Enfin, pour me résumer, je vous assure qu'au milieu de tous ces braves gens, je suis très fier d'être officier et surtout officier français (1).

On parle en ce moment de paix dans nos camps; je ne sais jusqu'à quel point ces bruits sont fondés. Nous regretterions tous beaucoup qu'elle se fît si vite, et moi en particulier je voudrais rapporter la décoration de Crimée.

Je suis pour cela en bonne position. Le général est un homme qui met son amour-propre à obtenir des récompenses à son entourage. Après la dernière affaire il a fait décorer son officier d'ordonnance, plus ancien que moi et qui a beaucoup de campagnes en Afrique, de sorte que je ne pouvais élever la moindre prétention; néanmoins comme j'avais couru pour le moins autant de dangers que lui, le général a craint que je ne fusse froissé, et il m'a pris à part pour me dire que mon tour viendrait bientôt, etc., etc.

Comme vous le pensez, je l'ai fort remercié, lui disant

_____

(1) « Quels officiers et quels soldats, écrivait Saint-Arnauld après l'Alma. Et que je suis fier de les commander ! » (Lettre du 12 septembre au maréchal Vaillant).   (*Note de l'Éditeur.*)

que j'étais sûr de sa bienveillance et que je m'attacherais toujours à la mériter.

Ainsi que je vous l'ai déjà conté, c'est moi qu'il charge de tous les travaux du ressort de l'ingénieur. Faut-il régler les montres qui ne marchent plus, je reçois l'ordre d'établir un cadran solaire : c'est fait et le cadran fonctionne à la satisfaction de tous. Aujourd'hui je monte la garde à midi, et en descendant je dois bâtir un autel pour que l'aumônier nous dise la messe le jour de Pâques.

J'espère que vous avez reçu les violettes que renfermait mon avant-dernière lettre; je ne vous en envoie pas cette fois, parce que je n'ai pas eu l'occasion d'aller du côté où elles se trouvent, et aussi parce que ce point, exposé aux nouvelles batteries russes, devient de plus en plus dangereux.

Je vous dirai encore un mot, avant de fermer ma lettre, quand je serai descendu de garde. . . . .

. Ma garde s'est parfaitement bien passée. Quoique ce fût le Vendredi Saint, on s'est envoyé de part et d'autre force coups de canon.

Depuis quelques jours nos officiers du génie sont très malheureux. Le capitaine de tranchée a été tué par un boulet qui a traversé l'épaulement huit ou dix minutes après que je le quittais dans ma tournée des tranchées. Il se nomme Courtin.

Dans ma dernière garde, un chef de bataillon, également du génie, M. de Saint-Laurent, marié depuis un mois lors de son départ, a aussi été tué par une balle. Sa mort a causé une impression profonde sur tous ceux qui le connaissaient (1); c'était un officier affable, bienveillant, distingué sous tous les rapports, et surtout d'une grande

(1) « Quelle que fût l'infériorité de son grade, dit M. C. Rousset, la « mort du commandant de Saint-Laurent fut partout déplorée comme une

énergie. Comme il était très jeune, il avait un bel avenir devant lui. Son convoi funèbre a été magnifique, je veux dire par là que les officiers de toutes les armes s'y trouvaient en grand nombre : j'ai beaucoup regretté de ne pouvoir y être.

Il n'y avait pas une heure que j'étais descendu de garde lorsqu'un planton, expédié de la tranchée, est venu annoncer au général la mort d'un chef de bataillon du 25ᵉ léger, le commandant Paillot. Comme Courtin, il a été atteint par un boulet qui traversa l'épaulement. Je connaissais beaucoup ce pauvre commandant, chez qui je passais souvent en allant réunir les travailleurs près de sa tente. C'est moi qui l'ai installé dans ce nouveau poste lorsqu'il a pris la garde et que je la descendais. Les troupes une fois placées, on lui a apporté une lettre de son père, et c'est en lisant cette lettre qu'il a été emporté par un boulet. Cette mort est une de celles qui m'ont été le plus sensibles.

Mon plant de violettes est épuisé ; j'y suis allé ce matin à l'aurore et j'en ai fort peu trouvé. Je vous en envoie quelques-unes pour copie conforme.

Adieu, mes chers parents, continuez à m'écrire avec exactitude, vous savez quel bonheur vos lettres m'apportent. Ne m'oubliez auprès d'aucun de nos amis, et croyez-moi toujours votre fils dévoué.

H. Loizillon.

Jusqu'ici il ne m'a pas été possible d'aller jusque chez le général Bizot ; mais la première fois que je le rencontrerai à la tranchée, je lui parlerai de Bitche, bien que le lieu ne soit guère propice pour cela.

« grande perte. C'était un de ces officiers d'une distinction rare, sur qui « toute une armée a les yeux... » (*Histoire de la guerre de Crimée*, T. II, p. 132).   (*Note de l'Éditeur.*)

XIV

Devant Sébastopol, le 10 avril 1855, 4 heures du matin.

C'est en venant porter un ordre au général Brunet que je vous écris ces quelques mots, afin de vous rassurer, si vous voyez par les journaux qu'on a ouvert le feu.

J'ai pris la garde hier à midi, lundi de Pâques, par le plus affreux temps possible, et depuis il est tombé une pluie torrentielle qui n'a pas cessé une seconde. Les tranchées sont pleines d'eau, et il faut vraiment des soldats comme les nôtres pour les habiter. Pour mon compte, je n'ai pas été trop malheureux, grâce à la collection de caoutchoucs dont ma bonne Marie m'a pourvu. Néanmoins je verrai arriver midi avec plaisir pour descendre de garde et me changer.

Le feu a été ouvert hier lundi à quatre heures du matin. Le temps était déjà fort mauvais, et il est à présumer que si les Anglais n'y avaient pas mis tant d'insistance, on aurait donné contre-ordre, car nos projectiles, tombant dans cette boue grasse qui couvre tout maintenant, doivent produire peu d'effet. Aussi notre artillerie n'entretiént pour le moment qu'un feu très modéré.

Les Russes mettent peu d'entrain à répondre et ne s'en prennent qu'aux batteries. Ils ne nous ont pas lancé une seule bombe dans les tranchées, et à part la pluie, jamais je n'ai monté une garde aussi calme que celle d'aujourd'hui (1).

Enfin les opérations sont commencées! Il ne me reste plus que le temps de vous embrasser et de vous souhaiter une santé aussi bonne que la mienne.

Je vous écrirai maintenant un mot par chaque courrier.

Tout à vous, H. L.

(1) Ici encore, pour rassurer ses parents, le capitaine Loizillon atténue sensiblement les faits. Le bombardement commencé le 9 avril et qui dura jusqu'au 19, devait laisser loin derrière lui la célèbre canonnade du 17 octobre. Dans les deux partis, plus de 900 pièces entrèrent en action et tirèrent environ 89.000 coups du côté des Russes, 165.000 du côté des alliés. 6.000 Russes et 1.700 alliés furent mis hors de combat. (Lire C. Rousset, T. II, p. 133 et suivantes).   (*Note de l'Éditeur.*)

XV

Devant Sébastopol, le 13 avril 1855.

Je profite de mon après-midi d'observation pour vous écrire quelques mots.

Depuis mon dernier mot de lundi, je suis de service tous les jours derrière une petite levée de terre d'où l'on découvre toutes les parties du siège, et toutes les deux ou trois heures, j'envoie au général Bosquet le rapport de ce qui s'est passé. En ce moment on tire beaucoup de part et d'autre, et les Russes viennent d'amener dans la ville, sur des bateaux à vapeur, des troupes tirées de l'armée qui tient la campagne.

Notre artillerie a eu l'avantage sur l'artillerie russe. De notre côté, c'est-à-dire aux attaques de droite, elle a éteint le feu de deux ouvrages ennemis. Malheureusement il en reste beaucoup d'autres qui soutiennent la lutte avec acharnement. Du côté des attaques de gauche, d'après ce qu'on nous a dit, les avantages sont plus marqués.

Je doute encore, pour ma part, des résultats de ces feux d'artillerie, car les distances sont bien grandes (1), et cependant il paraît que l'assaut va être donné d'ici à peu de jours. Des gens qui se disent bien informés assurent que ce sera pour après-demain à l'aube ; ce qu'il y a de certain, c'est que ce délai ne peut dépasser trois ou quatre jours, car les projectiles s'usent.

Du moment que l'on tente l'assaut, on le fera vigoureusement, et sur un grand nombre de points ; cependant je crois que de notre côté il n'y aura que de fausses attaques ; ainsi reportez sur nos camarades de gauche toutes les sollicitudes que vous pourriez avoir pour nous.

Du reste, comme je vous l'ai dit dans ma dernière lettre, je vous écrirai un mot par chaque courrier, seulement je vous recommande de ne pas vous effrayer d'un retard, car une lettre se perd facilement.

Avant-hier nous avons eu un accident bien regrettable : Le général Bizot, allant visiter les batteries, passait dans les parallèles anglaises qui sont mal faites, et où l'on n'est pas du tout défilé. Il fut atteint par une balle qui, entrant au-dessous de l'oreille droite, a été se loger dans la pommette gauche. Sa blessure paraissait mortelle quand on l'a relevé, mais maintenant il va beaucoup mieux et l'on reprend espoir.

Comme le général a été blessé près de nos attaques, on l'a transporté à l'ambulance de la 4e division qui touche la nôtre. J'ai été hier matin prendre de ses nou-

---

(1) Le capitaine voyait juste. Ce bombardement entraîna de grosses déceptions. Loizillon devait avoir apprécié avec la même sûreté de coup d'œil toute l'importance des attaques de droite. S'il les déprécie quelques lignes plus loin et les présente comme de fausses attaques, c'est toujours pour rassurer sa famille. *(Note de l'Éditeur.)*

velles, et j'ai vu le jeune Lockner, qui paraissait bien affecté. Il doit écrire à sa sœur par le même courrier qui vous apportera cette lettre : il lui dira simplement que le général a été blessé à la joue par une balle, que la blessure n'a rien de grave et qu'il faut plutôt se réjouir, puisqu'elle empêchera le général de s'exposer à de nouveaux dangers. En même temps il dira à M. de Kreutzer toute la vérité.

Gardez donc pour vous seuls tous ces détails afin de ne pas éveiller chez Mme Bizot le soupçon qu'on la trompe.

A propos des militaires de Bitche, j'ai oublié de vous dire que le sergent du 50e est bien portant. C'est un des meilleurs sous-officiers de son régiment; il est très estimé des officiers; malheureusement il est remplaçant, et c'est ce qui arrête son avancement. Ne l'ayant pas trouvé quand je suis allé le voir, j'ai chargé son capitaine de lui faire des reproches sur l'inquiétude dans laquelle il laisse sa mère. S'il ne lui a pas encore écrit, vous pouvez lui dire qu'à la date du 7 avril son fils était encore bien portant.

Je n'envoie pas d'argent à Marie. Le règlement de mes comptes sera un peu retardé, parce que je veux acheter un mulet à n'importe quel prix. Il serait possible en effet, si l'assaut ne réussit pas, que l'on adoptât le parti d'entrer en campagne dans l'intérieur de la Crimée.

Mon ami Conegliano ne vous oublie pas; le pauvre garçon est malade depuis huit jours; son état du reste n'est pas inquiétant. C'est cette indisposition qui est cause que je suis de service tous les jours.

Je suis repassé aujourd'hui, en allant prendre mon poste, sur le terrain des violettes. Mais la saison est bien finie, je n'en ai pas trouvé une seule.

En terminant, ce que je vous recommande, c'est d'avoir la même confiance que moi. J'ai la conviction intime qu'il ne m'arrivera rien, partagez-la et croyez à l'affection de votre fils.

Henri Loizillon.

XVI

Devant Sébastopol, le 16 avril 1895.

Mes chers parents,

D'après ma dernière lettre, vous deviez vous attendre
à du nouveau pour ce qui regarde le siège. Mes pronostics étaient prématurés, car les choses en sont encore
au même point qu'au moment où je vous écrivais : on
continue à se canonner de part et d'autre toute la journée
et toute la nuit.

A nos attaques nous avons obtenu de faire taire deux
ouvrages; mais il en reste beaucoup qui tirent toujours
d'une manière très soutenue. On dit que nous devons
tuer beaucoup de monde aux Russes; quant à nous, ils
nous mettent moins d'hommes hors de combat depuis
l'ouverture du feu qu'auparavant.

Il paraît qu'aux attaques de gauche les résultats sont
plus positifs; je voudrais bien pouvoir en juger par mes
yeux, mais plus que jamais, il nous est impossible de
nous absenter, car nous sommes de service d'une façon
permanente.

Le général Bizot est mort hier à midi, subitement, au moment où on s'y attendait le moins, et où l'on croyait, d'après les médecins, qu'il avait beaucoup de chances de guérison.

Il a été enterré aujourd'hui à quatre heures. Le général en chef et Omer-Pacha conduisaient le deuil, et malgré les nécessités du service, une nombreuse assistance suivait le convoi. Le général Bizot était très aimé, et sa mort a causé dans toute l'armée une profonde impression, car tout le monde, jusqu'au dernier soldat, connaissait son dévouement, sa bonté, son activité et son courage.

La foule des officiers et généraux était immense, qui l'ont accompagné jusqu'à sa dernière demeure.

Depuis que nous avons commencé nos attaques Victoria, sur huit officiers du génie qui s'y trouvaient, cinq ont été tués et deux blessés, et cela en moins d'un mois, tandis qu'aux autres attaques, qui ont un bien plus grand développement, et qui ont cinq mois d'ancienneté sur les nôtres, on n'en a perdu que deux.

On dirait vraiment qu'une sorte de fatalité s'attache à ces pauvres officiers du génie. Il faut espérer que cette mauvaise chance est à sa fin, et que bientôt ils n'auront plus de tranchées à faire, car il faudra bien, d'ici à peu, se décider à quelque chose de sérieux.

Je vous embrasse.

H. L.

Au moment de fermer ma lettre, j'apprends que nos pièces ne doivent plus tirer que trente coups par jour, ainsi l'état dans lequel nous nous trouvons peut se prolonger encore longtemps. En outre, comme les Turcs sont arrivés au nombre de 25.000 et qu'on veut les occuper, on va faire changer de place deux divisions françaises, et nous, nous allons, dit-on, reprendre notre rôle de division de réserve du côté de la Tchernaïa où nous ne ferons probablement rien, car les Russes n'oseraient venir nous attaquer de ce côté. Vous pouvez donc vous rassurer sur notre sort, car nos chances de mort sont diminuées de plus des trois quarts.

Je vous embrasse encore.

H. L.

XVII

Devant Sébastopol, le 21 avril 1855.

Mes chers parents,

Comme je l'avais prévu, nous sommes dans un calme parfait, sauf les coups de canon qui se font entendre de temps en temps.

Depuis quelques jours les pièces ne tirent plus que vingt-cinq coups par jour; on remplace toujours les munitions brûlées, de sorte que l'approvisionnement reste au complet.

En ce moment le feu de l'artillerie ne semble plus avoir d'autre objet que de protéger nos travailleurs.

Comme on a commencé un siège régulier et que les effets de notre artillerie sont demeurés fort au-dessous des espérances conçues, on revient au procédé classique et l'on veut pousser régulièrement les approches à portée minima de la place, pour que nos colonnes d'assaut aient peu de chemin à parcourir sous le canon de l'ennemi.

Ce que je vous dis là est mon appréciation particulière (1), et par conséquent ne sort pas d'une source certaine. Vous comprenez que le général en chef ne s'amuse pas à ébruiter ses plans à l'avance ; nos autres généraux mêmes ignorent ce que l'on doit faire ; il faut aussi tenir compte des circonstances qui, du jour au lendemain, peuvent obliger à changer les plans arrêtés. Quoiqu'il en soit, comme je vous l'ai dit, nous sommes très tranquilles de notre côté, et cet état durera au moins quinze jours, de sorte que je regrette fort d'avoir trop tôt éveillé vos anxiétés.

Aux attaques de gauche que l'on appelle les vieilles attaques, on travaille beaucoup, et on s'approche tous les jours davantage du bastion du Mât. Ces travaux gênent les Russes, et pour les arrêter, ils ont tenté deux sorties l'avant-dernière nuit. Ils ont été repoussés comme d'habitude avec de grandes pertes.

Le lendemain à trois heures, il y a eu une trêve d'une demi-heure pour l'enlèvement des morts. De nos attaques j'ai pu suivre cette triste opération avec une longue-vue. C'est toujours la même manière de procéder : les Russes apportent les cadavres français sur la ligne de démarcation, et les Français les cadavres russes ; ensuite chaque parti emporte ses morts sur des civières. Nos pertes, du reste, ont été très faibles.

Hier Omer-Pacha a fait avec ses Turcs une reconnaissance dans la vallée de la Tchernaïa ; il a forcé quelques avant-postes à se replier ; la cavalerie russe est apparue sur les hauteurs de droite de la rivière, mais n'est pas

(1) Appréciation d'autant plus remarquable qu'en haut lieu le projet d'assaut brusqué tenait toujours. Le conseil de guerre du 23 avril en fixait la date au 28. La marche indiquée par le capitaine Loizillon fut celle qu'adopta Pélissier un mois plus tard, le 20 mai, en prenant le commandement suprême... *(Note de l'Éditeur.)*

descendue. Cette marche n'a eu, je crois, d'autre but que
de montrer les Turcs aux Russes et de les assurer de
l'augmentation de l'armée alliée. ..

Pour répondre à votre demande, je vous dirai que tous
les racontars qu'on a faits sur le général Forey ¡sont, je
crois, des calomnies (1) ; malheureusement pour lui, il
pèche par l'éducation première et manque absolument
de tact : il a été impoli et même grossier à l'égard d'une
foule de personnes, de sorte qu'il s'est fait détester.
Lorsqu'il a appris que le général Pélissier avait le commandement du corps d'armée auquel il s'attendait, il en
a été vexé et a demandé à rentrer. Comme on ne l'a pas
jugé indispensable, on lui a accordé ce qu'il demandait.
Cependant avant que sa nomination fût arrivée, il était
question de l'assaut, et les derniers officiers qui le défendaient encore disaient qu'il ne s'en irait pas, et qu'il
monterait à l'assaut à la tête d'une compagnie de grenadiers. S'il avait fait cela, il eût été réhabilité et au delà ;
mais ses amis l'avaient trop bien jugé : car aussitôt son
ordre reçu il est parti.

Dans l'impossibilité de trouver un cheval en Crimée,
j'en ai demandé un à Constantinople ; je puis y mettre

(1) Le jugement porté ici par le capitaine Loizillon sur le général Forey,
n'est pas absolument équitable. Il est cependant singulièrement modéré si
l'on considère le déchaînement de l'opinion contre le général à cette
époque. On avait été jusqu'à répandre à Constantinople le bruit que
Forey, suspect d'intelligence avec l'ennemi, avait été arrêté et mis au fers.

Dans la réalité le général Forey placé à la tête du corps de siège, avait
usé d'une rigueur parfois excessive pour y maintenir une exacte discipline.
Il s'était fait de nombreux ennemis dont les cabales auprès de l'Empereur
déterminèrent sa disgrâce. Remplacé par Pélissier dans son commandement et renvoyé à sa division, il offrit sa démission, qu'on refusa, et fut
nommé en Afrique au commandement de la province d'Oran. (Voir
C. Rousset, T. I, pp. 400 et suivantes, et T. II, pp. 24 à 28).

(*Note de l'Éditeur.*)

quatre cents francs. Cependant j'ajourne mes comptes pour un moment, et n'envoie rien à Marie, puisque ces quatre cents francs sont toute ma fortune.

Le pauvre Conegliano est toujours malade et son état ne fait qu'empirer, sans toutefois inspirer encore de l'inquiétude.

Adieu, je vous embrasse.

H. L.

XVIII

Devant Sébastopol, le 24 avril 1855.

Ma chère Marie,

Une lettre que je reçois du capitaine Leré me fait craindre que tu n'aies pas encore annoncé l'affreuse nouvelle à la famille. Fais-le sans tarder, afin que les pauvres gens ne l'apprennent pas par l'acte de décès que le ministère peut leur adresser d'un jour à l'autre.

Je te répète que le caporal Leré s'est bravement conduit, son corps a été retrouvé parmi les plus avancés. Bien que n'étant pas dans les mêmes conditions que les autres soldats, il s'était fait aimer et estimer de tous, aussi les regrets de ses braves camarades ne lui ont pas manqué.

Dis toutes ces choses aux pauvres parents, afin qu'ils sachent qu'ils peuvent être fiers de la manière dont est mort celui qu'ils ont perdu.

Pour ce qui me concerne, sois tranquille, j'ai fait ta commission à mon ami ; il a ton adresse, et si je viens à être tué ou blessé grièvement, il t'écrira directement, c'est entendu. Quand on est sous le coup d'un malheur, je trouve qu'il vaut mieux l'apprendre tout de suite que de passer en outre par le supplice de l'incertitude. Ces précautions une fois prises, fais comme moi, aie confiance ; il ne m'est pas venu une seule fois à la pensée que je pourrais rester en Crimée. L'avenir nous apprendra si je puis me fier à mon pressentiment ; il est vrai que ce serait le dernier, et que, si je me trompe, l'expérience que j'en tirerai ne me servira guère.

Mon pauvre ami C... est toujours malade, et son état de langueur m'inquiète d'autant plus que le médecin commence à craindre une affection typhoïde.

Je ne fais pas mon compliment aux journaux de la manière dont ils rendent compte de toutes les affaires que nous avons eues à nos attaques ; tout y est faux et invraisemblable, et je ne sais où demeurent leurs correspondants, car leur description du terrain est tout à fait contraire à la vérité. En lisant tous ces articles sur la redoute de la Tour Malakoff et du Mamelon-Vert, nous avons bien ri de tout ce fatras, et aussi du rapport de lord Raglan sur la grande sortie dans la nuit du 22 au 23 mars (1).

Le noble lord donne à entendre que, sans les Anglais, nous pouvions être forcés dans nos parallèles, tandis que voici la vraie vérité : La gauche de nos attaques est séparée de la droite des attaques anglaises, par un ravin, dit ravin de Karabelnaïa, qui est large et dont les pentes sont douces. Il résulte du profil de ce ravin que de la

(1) Il s'agit ici de la sortie dirigée par le général Khroulef et sommairement relatée dans la lettre du 26 mars. C'était l'effort le plus considérable, tenté par la garnison de Sébastopol, depuis la bataille d'Inkermann. Le récit du capitaine Loizillon est d'une rare exactitude. (Voir C. Rousset, T. II, pp. 115-119). *(Note de l'Éditeur.)*

crête d'une de ces berges on domine et on enfile la partie de la parallèle qui descend sur l'autre flanc. Cet inconvénient ne nous avait pas échappé, non plus que le défaut de surveillance de messieurs les Anglais. Ils sont connus pour se garder fort peu, et pour mon compte, étant de garde aux tranchées, j'ai entendu de mes oreilles le général Canrobert et le général Bosquet dire au général anglais Ross : « Il faut bien occuper votre parallèle, car voyez, si les Russes s'en emparaient, ils prendraient les nôtres de flanc et d'enfilade. »

Eh bien, malgré toutes ces recommandations, c'est cependant ce qui est arrivé. Lorsque la colonne russe s'est précipitée sur nos têtes de sape, elle a forcé les troupes qui la défendaient à se retirer dans la parallèle, et a rasé les boyaux que l'on avait commencés; mais arrivée à la parallèle elle n'a jamais pu s'en emparer. Tous les Russes qui ont sauté dedans n'en sont pas remontés. Ce saut fut pour eux celui de l'éternité !

Pendant ce temps, une autre colonne, dirigée par le fond du vallon, s'élevait contre les attaques des Anglais et s'emparait de leur parallèle et de deux batteries. De cet épisode lord Raglan ne dit mot.

C'est alors que l'extrême gauche de notre parallèle, qui descend dans le ravin, étant enfilée par cette colonne russe, a été momentanément abandonnée. Le succès des Russes contre la parallèle anglaise fut la cause principale de nos grandes pertes. A ce moment, en effet, la colonne qui nous avait attaqué, rompue par la baïonnette de nos soldats, se retirait dans le fond du ravin. Nous pressions vivement son arrière-garde lorsqu'une fusillade partie de l'autre berge nous prit tout à coup en flanc et à revers. Surpris, nous reculâmes dans notre parallèle, et comme sa gauche recevait des feux croisés, nous fûmes même

contraints d'abandonner ce point. C'est le seul qui ait été
en la possession des Russes ; possession de courte durée,
car quatre compagnies du 4e bataillon de chasseurs arri-
vèrent du camp au pas de course dans le fond du ravin.
Passant devant un bataillon de la garde, en réserve
derrière une pointe de terre et qu'on n'a pas fait donner,
on ne sait trop pourquoi, nos petits chasseurs fondirent
sur les Russes, pris à leur tour entre deux feux, et en
firent à cet endroit un carnage effrayant.

En résumé, une colonne russe, forte de 7 à 8.000 hommes, a été repoussée par quatre compagnies du 4e bataillon de chasseurs, quatre compagnies du 3e zouaves et un
bataillon du 11e léger (c'est là que Leré a été tué), ce
qui fait 1.000 à 1.100 hommes, et encore ces forces ne
sont-elles arrivées que successivement et après que notre
parallèle fut enfilée.

Les Anglais, de leur côté, ont reçu du secours ; mais
le corps russe qui avait affaire à eux s'est retiré bien plus
parce qu'il a craint d'avoir la retraite coupée par nous,
que sous l'effort de nos chers alliés ; ces derniers, en
effet, n'ont eu que 25 hommes tués, tandis que nous
comptâmes 500 hommes hors de combat. Le 11e léger
à lui seul, sur un bataillon de 500 hommes, a eu 216 tués
ou blessés. Il est vrai que beaucoup de ces blessures
n'étaient pas graves, simples contusions occasionnées
par des coups de pierres, de pelles et de pioches, car
pendant dix minutes on s'est battu corps à corps avec
tout ce qu'on avait sous la main.

Quant aux autres petites histoires précédentes, prises
et reprises d'embuscades, ce serait trop long à te raconter, et surtout à rétablir véridiquement, et puis cela
t'intéresserait peu.

Ce que je puis seulement t'affirmer, c'est que dans

toutes ces affaires nos officiers et nos soldats se conduisent admirablement, que nos pertes ne sont pas comparables à celles des Russes ; on, estime qu'ils ont perdu 1.500 hommes dans l'affaire du 22 au 23.

Actuellement le feu continue très mollement, les pièces ne tirent plus que vingt coups par jour. On ne travaille presque plus, et à ce sujet il circule beaucoup de bruits. On parle de détacher une partie du 2ᵉ corps pour marcher en avant, forcer la ligne de la Tchernaïa et s'établir au nord de la ville.

Je n'ajoute pas grand'foi à cette version et j'aime mieux croire à un autre projet qui semble plus raisonnable et à mon avis assurerait le succès (1).

Il s'agirait de la formation à Eupatoria d'une armée composée de 40.000 Français, de 15.000 Piémontais et de 15.000 Turcs, ce qui ferait un total de 80.000 hommes. — Cette armée marcherait sur les Russes qui tiennent la campagne, pendant que 30 ou 40.000 hommes de notre armée de siège forceraient les lignes de la Tchernaïa, et viendraient lui donner la main. De cette façon la place serait complètement livrée à elle-même, et elle tomberait toute seule, faute de ressources, au bout de fort peu de temps.

Je sais bien que ceci ne peut pas se faire avant six semaines ; mais puisque nous attendons depuis six mois, nous pouvons bien en attendre encore deux, surtout

(1) On trouve ici comme un écho atténué des discussions qui s'élevaient déjà dans les conseils des alliés et qui, plus tard, devaient profondément diviser les généraux Pélissier et Niel. Fallait-il poursuivre les approches ? fallait-il au préalable battre l'armée Russe de secours et compléter l'investissement ? Dans cette dernière hypothèse, Eupatoria, qu'indique Loizillon, eût été pour nos troupes de campage un point de départ bien préférable à l'opération excentrique que méditait l'empereur Napoléon III, par Alouschta sur Simféropol. (*Note de l'Éditeur.*)

lorsque ce délai nous procure presque une certitude de succès ; tandis qu'au contraire si on donne l'assaut, on est sûr de faire des pertes énormes. Quant au résultat, Dieu seul le connaît...

Toutes les nuits les bâtiments à vapeur de la flotte passent devant la ville et lui lâchent leur bordée ; l'avant-dernière nuit, comme il faisait très sombre, ces bâtiments se sont trompés, ils ont pris pour la baie de Sébastopol une autre petite baie autour de laquelle est campée la division Paté, et là ils ont lâché leurs bordées dont tous les projectiles sont arrivés dans le camp. Par bonheur, il n'y a pas eu un seul accident à déplorer.

Je termine cette trop longue lettre, je vous embrasse tous trois, amitiés à nos amis.

H. L.

XIX

Devant Sébastopol, le 27 avril 1855.

Ma chère Marie,

. . . .

. . . .

Choisis aussi les expressions les mieux senties pour remercier en mon nom la famille H... et Mme de C... de l'intérêt qu'elles prennent à mon sort, et dis à Mme D..., que malgré ses railleries sur mes sources et ma baguette magique, je lui suis très reconnaissant des bonnes lettres qu'elle m'adresse. Si elle savait quelle joie elles me causent, jamais elle ne se départirait de sa belle exactitude.

. . . .

. . . .

Je dirai donc qu'hier à trois heures et demie, nous avons passé la revue du général en chef, qui a fait un discours à chaque division; ce discours était le même pour tous, sauf les variantes indispensables. En voici la substance pour nous : « Messieurs les officiers de la

« division de réserve, depuis longtemps je désirais vous
« voir; mais mes occupations m'ont forcé de différer
« jusqu'à ce jour. Depuis votre arrivée à l'armée d'Orient,
« vous vous êtes déjà plusieurs fois trouvés dans des cir-
« constances difficiles; vous vous y êtes conduits admi-
« rablement, et d'un seul coup vous avez su vous poser
« haut dans l'opinion de tous. Dites à vos soldats que je
« les remercie du dévouement et du courage qu'ils ont
« montrés jusqu'à ce jour; dites-leur, en outre, que je
« compte sur eux pour l'avenir comme pour le présent,
« et ma confiance est d'autant plus grande que c'est vous
« qui les conduisez, et leur donnez l'exemple de ce bril-
« lant courage français. J'ai rendu compte à l'Empereur,
« à la France des dévouements collectifs et particuliers,
« et déjà en ce moment, le pays vous remercie de vos
« efforts. Nous avons eu beaucoup de souffrances à sup-
« porter, nous aurons encore beaucoup de dangers à
« courir, mais le succès nous attend, car lorsque la
« France et l'Angleterre unies d'une étroite alliance
« accrochent la main quelque part, elles emportent le
« morceau.

« Nous allons recevoir 75.000 hommes de renfort, ce
« qui nous permettra d'étendre les bras, et alors, forts de
« notre nombre et surtout de notre courage, nous entre-
« rons dans Sébastopol, si ce n'est par la porte, ce sera
« par la fenêtre, mais nous y entrerons. »

Après ce discours nous avons défilé sur les bords de la
Tchernaïa aux cris de vive l'Empereur. — Les Russes
nous ont parfaitement vus, et ils ont bien fait de ne pas
venir nous attaquer, car eussent-ils été trois fois plus
nombreux que nous, on en serait venu à bout.

Ces paroles du général en chef semblent confirmer les
prévisions de ma dernière lettre, c'est-à-dire que pour

le moment on renonce à l'assaut, d'autant plus que nos pièces ne tirent plus actuellement que cinq coups par jour.

Depuis ce matin, le bruit de l'arrivée de l'Empereur circule de nouveau. On dit, en outre, que les 75.000 hommes que l'on attend, composés de Français, de Piémontais et de Turcs, viendraient prendre le service des tranchées, et que nous autres, la vieille armée, nous serions transportés par mer soit à Eupatoria, soit sur la côte est de la Crimée. On opérerait alors sur Simféropol pour de là bloquer Sébastopol. — Ce projet, s'il s'exécute, me sourit d'autant plus qu'il flattera mon amour-propre, car je l'avais prévu, et soutenu contre beaucoup de mes camarades.

Il me reste juste le temps de te dire que je suis enchanté de ce que tu m'annonces pour toi. — Tu réussiras j'en suis sûr, seulement ne tarde pas à me l'apprendre, car si nous étions en marche, je ne pourrais payer le Bordeaux à ma popote comme je me le suis promis.

Adieu, je vous embrasse tous les trois comme je vous aime.

Henri.

XX

Devant Sébastopol, le 4 mai 1855.

Mes chers parents,

Si vous avez pleuré en lisant ma lettre, je puis vous assurer que la vôtre m'a fort ému, et que les témoignages de votre affection si désintéressée, si tendre et de votre dévouement si absolu, m'ont fait verser de douces larmes! Quand on est loin de son pays on est doublement heureux de se sentir aimé comme je le suis, et sous ce rapport je n'ai rien à envier à personne. Je suis riche parmi les plus riches, grâce à vous, et je vous remercie de tout le bonheur que je vous dois.

Mais que pouvais-je donc vous dire dans cette lettre qui vous a tant remués, je ne me le rappelle vraiment plus?

Il me semble que je vous y racontais beaucoup de petits incidents qui ne peuvent avoir de prix que pour vous et qui, lus par des étrangers, peuvent même paraître ridicules. Que vous montriez mes lettres à vos amis intimes, rien de mieux, et je le comprends, mais les communiquer à Béranger et à M. B..., c'est une autre affaire. C'est leur donner un caractère officiel qu'elles ne méritent certainement pas, et en outre cela me forcerait à vous taire tous les petits accidents et les occupations de la vie militaire qui me sont personnels et qui, pour vous, auraient de l'intérêt.

Du reste je m'en rapporte parfaitement à votre jugement et à votre tact, et si je vous fais cette observation, c'est que je crains de vous avoir parlé de moi un peu trop longuement dans la lettre dont il est question.

En même temps que votre lettre, le courrier m'en a apporté plusieurs, entre autres une de Louis de C... fort intéressante, comme vous allez en juger. Après m'avoir transmis les compliments affectueux de toute sa famille et de M. D..., il m'annonce la nouvelle suivante :

Il vient de m'expédier au nom de sa mère deux caisses contenant cinquante bouteilles de Bordeaux; dix-huit d'eau-de-vie, douze de rhum et quatre de kirsch; vous voyez que j'aurai de quoi couper l'eau de mes sources, comme il le dit, et faire le grand seigneur à peu de frais pour fêter le succès de Mario.

Cette attention charmante de Mme de C... sera reçue ici, je ne dis pas à bras ouverts, mais à bouche ouverte, aussi vais-je répondre pour l'en remercier dignement au nom de mes camarades comme au mien.

Je ne réussis toujours pas à me procurer un cheval, malgré toutes mes recherches et démarches; j'en suis d'autant plus contrarié, que d'un jour à l'autre, nous pouvons nous mettre en marche; déjà une division s'est embarquée hier.

L'ordre de départ portait qu'elle devait se rendre à Eupatoria; mais c'était pour donner le change et dérouter les espions russes. On croit généralement qu'elle va occuper Kertch, qui est l'entrée de la mer d'Azof, et où les Russes contruisaient une énorme batterie qui aurait empêché nos chaloupes canonnières de passer.

Ce qui paraît certain, c'est que l'on change le système de guerre et que l'on veut s'arranger de manière à battre les Russes en rase campagne, quelque part en Crimée, et à faire l'investissement complet de la place. — D'où le calme où l'on nous laisse.

Nous ne faisons plus rien. Les Russes en revanche travaillent beaucoup; tous les matins on aperçoit des ouvrages qui n'existaient pas la veille. Si l'investissement peut se faire, il est probable que tous ces travaux ne leur seront pas de grande utilité, car ils seront obligés de se rendre faute de ressources. Je suis persuadé qu'ils n'ont pas pour quinze jours de vivres.

De notre côté, comme je vous l'ai dit, tout se borne à une canonnade très molle; mais au vieux siège on avance toujours. — Il y a trois jours on y a eu un très beau succès. On s'est emparé d'une tranchée très étendue que les Russes avaient faite en avant du bastion central. Ils ont essayé la même nuit de la reprendre à trois reprises différentes, et chaque fois ils ont été repoussés avec de grandes pertes. Dans ces diverses attaques nous avons fait beaucoup de prisonniers parmi lesquels un colonel et plusieurs officiers.

Le lendemain, dans la journée, les Russes ont encore fait une nouvelle tentative; mais à peine démasqués, ils ont été accueillis par un feu formidable, et malgré les efforts de leurs officiers pour les faire marcher en avant, ils se sont retirés en désordre.

Pour la prise de cette tranchée dans laquelle on a trouvé huit obusiers, nous avons eu 120 hommes hors de combat, tandis que les Russes en ont eu au moins quatre fois plus.

Voilà les nouvelles du jour.

Nous attendons l'arrivée de l'armée de réserve et de l'Empereur. Nous sommes tous sur le qui-vive, et désirons beaucoup marcher dans l'intérieur de la Crimée.

Je ne sais, pour ce qui concerne notre division, si nos vœux seront exaucés; mais c'est dans cet espoir que je voudrais avoir un cheval, de manière à être outillé le mieux possible.

Conegliano va de mieux en mieux et pourra bientôt reprendre son service.

Je m'occupe des soldats de Bitche, vos protégés, mais n'ai cette fois rien de particulier à vous en dire.

Je vous embrasse.

H. L.

XXI

Devant Sébastopol, le 10 mai 1855.

. . . .

. . . .

. . . .

Je n'ai pour ce qui nous regarde ici rien de nouveau ni d'intéressant à vous raconter. Dans ma dernière lettre je vous annonçais qu'une division, sous le commandement du général d'Autemarre, s'était embarquée et devait s'emparer de Kertch.

Elle arrivait en vue de cette ville, quand elle fut jointe par un vapeur qui apportait contre-ordre. Ce contre-ordre venait, dit-on, de Paris, car le général en chef, depuis l'installation du télégraphe électrique, correspond en trois heures avec l'Empereur. La nouvelle, quelle qu'en soit la source, fut très mal accueillie par le corps expéditionnaire qui se serait emparé très facilement d'une position de la dernière importance (1), et qui, au lieu de cela, est venu reprendre sa place parmi nous.

(1) Ici encore le jugement de Loizillon a été ratifié par l'histoire. L'expédition de Kertch devait d'ailleurs être reprise à la fin de mai et obtenir des résultats considérables.   (*Note de l'Éditeur.*)

Hier, à une heure du matin, les Russes ont attaqué les Anglais dans leurs parallèles; c'était plutôt une reconnaissance qu'une attaque sérieuse; néanmoins il s'en est suivi une fusillade et un feu d'artillerie très vifs. A ce tapage on nous a fait prendre les armes, et marcher les bataillons de piquet. Nous sommes arrivés lorsque la fusillade était terminée, mais le feu de l'artillerie était encore dans toute sa force; heureusement les bombes passaient au-dessus de nos têtes et personne n'a été blessé. Cependant nous sommes restés là jusqu'aujourd'hui à midi, et par quel temps! une pluie digne du déluge.

Nous sommes rentrés mouillés, trempés jusqu'aux os, couverts de boue. Néanmoins nous n'avons pas le droit de nous plaindre de ces petits accidents, tant ils sont largement compensée par le bien-être qui les suit. En vrai épicurien je me réjouis d'aller me coucher, et je vous assure que personne dans le département de la Moselle, ne dormira cette nuit comme moi..... à moins que les Russes n'en décident autrement.

Je vous embrasse.

II. L.

XXII

Devant Sébastopol le 22 mai 1855.

Mes chers parents,

.   .   .   .

.   .   .   .

Nous avons eu ici, de même que vous, des émotions très vives à la nouvelle de l'attentat contre l'Empereur et de l'effervescence qui règnerait dans le pays (1). Tous les bruits les plus alarmants nous arrivent. On ne parle que de révolution : Paris, Lyon, toutes les grandes villes seraient en état de siège ; à Marseille la population s'opposerait à l'embarquement des troupes, on veut la paix à tout prix, etc., etc.

J'aime à croire que tout cela est fort exagéré, et que la France conserve sa dignité nationale et ne veut pas d'une paix humiliante.

J'espère que tous les bons Français, loin de faire en ce

____

(1) Il s'agit de l'attentat de Pianori (28 avril). Cet attentat contribua à faire abandonner à l'Empereur le projet qu'il caressait de venir en Crimée diriger les opérations.　　　　　　　(*Note de l'Éditeur.*)

moment opposition au gouvernement, se réuniront au contraire, quelles que soient leurs opinions, pour lui prêter leur appui.

Ici nous avons eu une crise, une révolution de palais. Vous savez que le général Pélissier a remplacé le général Canrobert, qui a repris le commandement de sa division. Vous connaissez aussi l'ordre de Canrobert qui nous prévient qu'il cède le commandement à Pélissier. Je n'y reviendrai donc pas.

Seulement, ce que je puis vous affirmer, c'est que tous sans exception, nous avons admiré la dignité de ces deux généraux.

Le général Canrobert n'a rien fait à la vérité : le fardeau était trop lourd pour lui. Néanmoins, il a un grand mérite; c'est, pendant l'hiver, de n'avoir pas désespéré de la position critique dans laquelle se trouvait l'armée, et d'avoir su inspirer aux soldats la confiance qu'il avait en eux.

Cependant si tout le monde rend justice au général Canrobert, je dois dire aussi qu'on a vu avec joie le général Pélissier prendre le commandement, car il offre beaucoup plus de garanties que son prédécesseur, et nous allons enfin faire quelque chose (1).

Aujourd'hui la 1re division du 1er corps, division d'Autemarre, s'est embarquée pour Kertch : on dit que c'est une satisfaction donnée aux Anglais, qui ont été les promoteurs de cette expédition, et c'est aussi une pâture pour leurs Chambres.

Quant à nous, nous ne sommes plus division de réserve, mais bien 5e division du 2e corps, et ce matin nous avons

(1) Voir, dans la lettre du 4 août, une appréciation plus équitable du rôle joué par le général Canrobert. (*Note de l'Éditeur.*)

reçu l'ordre de nous tenir prêts à partir dans les quarante-huit heures.

Deux divisions d'infanterie, la division Canrobert et la nôtre, avec toute la cavalerie, sont sous le commandement du général Canrobert, et doivent, dit-on, forcer la ligne de la Tchernaïa du côté de Balaclava.

Ce dernier point du programme ne me paraît pas assuré; mais on peut tenir comme certain que les troupes énumérées plus haut seront en marche d'ici à deux jours, que tout le monde est heureux de quitter ces affreuses tranchées dans lesquelles on cuit maintenant, que l'enthousiasme est à son comble, et que les Russes seront bien forts si nous ne les culbutons pas.

Comme je vous l'ai dit, nous ne savons où nous allons, ni les dangers que nous allons courir, mais ce changement n'a rien qui doive vous inquiéter, bien au contraire. Je vous certifie que, de toutes façons, nous serons moins exposés qu'aux tranchées et surtout qu'à notre camp où, chose que je vous ai toujours cachée, notre division a le choléra. — Nous sommes campés sur des charognes, des cadavres, entourés de cimetières, et exposés à toutes ces exhalaisons empoisonnées; dans ces conditions nous devions être une proie facile pour l'épidémie dont notre division est la seule qui ait souffert.

Pour mon compte particulier, je n'ai eu qu'une légère atteinte : coliques et le reste, vingt-quatre heures au lit, et après trois jours tout était terminé. Maintenant j'en suis quitte et à l'abri.

Pour achever de vous tranquilliser, je vous apprendrai qu'enfin j'ai fait l'achat d'un très bon cheval, et que, monté comme je le suis, à la tête de trois chevaux, je ne resterai pas en route.

Ne vous étonnez pas si vous ne recevez plus aussi régulièrement de mes nouvelles, voire même si vous n'en recevez pas du tout. Bannissez toute crainte et partagez ma joie de quitter le plateau aridé sur lequel nous nous dévorions d'impatience, et que nous allons échanger contre une belle vallée garnie de bois et de prairies. Nous sommes si sevrés d'ombrages, que pour jouir de ceux-là nous passerions sur le corps de tous les soldats russes.

J'apprends que les deux caisses sont à Kamiesch, je les ferai chercher demain, et elles nous serviront à charmer les loisirs du bivouac. Grâce aux toniques qu'elles renferment, toutes traces de ma petite maladie seront vite effacées. Soyez donc tranquilles, et tâchez d'être aussi bien portants que moi.

Je vais écrire à Mme de C... Néanmoins, Marie fera bien de la voir, et de joindre ses remerciements aux miens, il n'y en aura jamais trop pour tant de gracieusetés.

Je vous embrasse tendrement.

H. L.

XXIII

Devant Sébastopol, le 26 mai 1855.

Comme je vous l'annonçais dans ma dernière lettre, nous avons fait hier un petit mouvement en avant : nous avons quitté notre campement à minuit pour nous réunir à la 1re division du 2e corps. Vous vous rappelez que le général Canrobert commande les deux divisions ainsi que toute notre cavalerie. La division piémontaise était à notre droite et occupait les hauteurs, enfin les Turcs étaient derrière nous; toutes ces forces s'élevaient à 46 ou 47.000 hommes.

En quittant notre camp, nous avons pris la route Voronzof pour descendre dans la vallée de la Tchernaïa. Cette vallée commence au village de Tchorgoune près duquel la rivière prend sa source. Sa direction générale est du sud au nord; elle est fermée au sud par de très hautes montagnes qui viennent se souder à celles de Balaclava; mais au-dessous il y a une ligne de contre-forts moins élevés, et sur laquelle se trouvent les redoutes que les Russes ont prises aux Turcs, dans la journée du 27 octobre dernier. Ces redoutes sont au nombre de quatre;

les deux du couchant n'étaient occupées par personne ;
elles étaient sur un terrain neutre, au point de rencontre
des avant-postes des deux partis, tandis que les deux du
levant étaient occupées par des Russes.

La vallée est très resserrée d'abord, mais elle s'élargit
sur la droite où elle est bornée par une ligne de hauteurs
formant un demi-cercle qui s'appuie au village de Tchorgoune d'un côté, et à la batterie de *Gringalet* de l'autre.
(Cette batterie qui appartient aux Russes a été baptisée
ainsi par les soldats à cause du peu d'effet de son tir.)

Ces hauteurs sont à arêtes vives, mais il y a des contre-forts intermédiaires qui, par des détours, permettent
d'arriver sur la crête supérieure. — Sur ces contre-forts
les Russes avaient construit des redoutes et établi des
camps.

La berge occidentale de la vallée est formée également
par des hauteurs très escarpées, où sont assises nos lignes
d'observation, avec des ouvrages tels que les redoutes
Canrobert et d'Inkermann (1) qui font feu sur Gringalet.

Près d'Inkermann la vallée se resserre de nouveau et
court vers la baie entre deux murailles à pic.

Entre les hauteurs que couronnent nos lignes (2) et la
rive gauche de la Tchernaïa, s'élèvent dans la plaine deux
plateaux séparés par un ravin (3) : Le plus près de nous
était inoccupé ; pendant la journée on y envoyait des
détachements armés pour y faire du bois. L'autre plateau,
au contraire, était en la possession des Russes qui y
avaient une redoute. Ces deux monticules, qui ont environ
trois mille mètres de long, sont contournés par une route

---

(1) La redoute d'Inkermann s'appelle plus communément redoute du
5 Novembre.   (*Note de l'Éditeur.*)
(2) Mont Sapoune.
(3) Monts Fedioukhine.

qui passe sur le pont de Traktir pour monter ensuite sur les hauteurs de la rive droite : c'est la route qui conduit à Bakhtchi-Seraï.

Au pont de Traktir était pratiquée une prise d'eau qui amenait l'eau de la rivière dans un vaste réservoir au pied du mamelon neutre. De là, elle était conduite à Sébastopol par un grand aqueduc en pierre, longeant la base du contre-fort où est assise la redoute d'Inkermann. — Quand l'armée est arrivée devant Sébastopol, on a détruit cette prise d'eau et l'aqueduc, ce qui a forcé les Russes, pendant quelque temps, à aller prendre de l'eau à la Belbek.

Maintenant que vous connaissez le terrain, vous comprendrez mieux notre mouvement.

La 1re division, formant la droite des Français et débouchant par la route de Balaclava, vint se masser à l'extrémité sud du plateau (Fedioukhine). La 5e division (ancienne division de réserve) descendit par la route Voronzof et, longeant le pied du plateau, fut rassemblée à la gauche de la précédente. La cavalerie marchant par pelotons, tenait la droite de l'infanterie. Lorsque le jour commença à poindre on se mit en mouvement.

La cavalerie partit au trot, franchit le pont de Traktir, et gravit les hauteurs, en suivant la route, sous le feu de deux batteries russes. L'infanterie de la 1re division, après avoir passé la rivière, aborda la position de front et de flanc.

Pendant ce déploiement d'un très bel effet, opéré avec tant de régularité qu'on l'aurait pris pour une manœuvre du Champ de Mars, deux batteries russes ont fait un feu très vif et, chose extraordinaire, les boulets, les obus qui arrivaient sur nos masses, n'ont pas atteint un seul homme.

La cavalerie, amenée la première en ligne, fut reçue par un feu de mousqueterie qui, assez faible au début, devint bientôt très nourri. Elle se mit à couvert derrière un pli de terrain pour attendre l'infanterie qui avançait en soutien et protégeait ses derrières, puis elle se lança à la charge. Devant cette franche attaque, les Russes firent retraite en désordre, abandonnant leurs camps et les redoutes.

Pendant que la 1re division gravissait ainsi la position, la 5e s'avançait derrière elle, en s'étendant à droite et à gauche pour la soutenir en cas de nécessité. Mais comme je vous l'ai déjà dit, les Russes ne firent pas longue résistance. Outre qu'ils étaient peu nombreux, ils ont été surpris et nous en jugeâmes bien en pénétrant dans leurs camps où ils avaient laissé quantité de menus objets que, dans leur précipitation, ils n'ont pas eu le temps d'emporter. Certains d'entre eux faisaient la lessive ; les zouaves, qui sont arrivés sur ce point, ont continué à faire chauffer l'eau et ont ensuite lavé le linge, qu'ils ont gardé, bien entendu.

Cette journée qui a été heureuse pour nous, car nous n'avons eu que quelques hommes tués et blessés, a cependant été très fatigante à cause de la grande chaleur, et aussi parce qu'on n'avait pas dormi la nuit précédente.

Comme nous ne pouvions garder les contre-forts que nous avions enlevés, par la raison qu'ils sont dominés, on s'est retiré vers midi.

Nous avons construit une tête de pont au pont de Traktir, et l'on est revenu camper sur les deux mamelons où nous avons de l'herbe et des broussailles, ce qui fait infiniment de plaisir, après avoir quitté le terrain sec et dénudé de notre ancien camp.

J'ai reçu vos lettres le soir de notre départ et j'y vois

que vous êtes tous dans l'attente du succès de Marie; dépêchez-vous donc de m'annoncer la bonne nouvelle.

Sachez que j'ai aussi reçu les caisses de Mme de C...; les liquides sont bons : nous y avons déjà fait honneur.

Le vaguemestre attend ma lettre, je n'ai plus que le temps de vous embrasser, vous devinez le reste.

H. L.

XXIV

Camp de Traktir, le 2 juin 1855.

Mes chers parents,

Depuis le mouvement en avant que nous avons exécuté le 25 mai sur la Tchernaïa, nous sommes restés dans l'inaction. Notre rôle consiste en ce moment à observer les hauteurs de droite de la rivière.

Nous campons sur un emplacement magnifique où nous avons l'eau, l'herbe et le bois à profusion ; les soldats ont tiré parti de toutes ces ressources avec empressement. Partout s'élèvent des gourbis (cabanes en feuillage), où l'on fait la sieste pendant la forte chaleur de la journée, et, au premier aspect, on pourrait très bien se croire dans un camp de plaisance.

Nous sommes, en un mot, les heureux de l'armée d'Orient, car, outre les agréments dont nous jouissons, notre service, en raison de notre position, se borne à nous garder, et ne ressemble en rien à celui des autres divisions attachées au siège. Ce bien-être nous fait presque honte, quand nous songeons à ce que souffrent nos camarades qui sont dans les tranchées.

Quand nous ayons reçu l'ordre de marcher sur la Tchernaïa, nous nous étions figuré que nous allions exécuter le mouvement tournant dont il a été tant parlé, pour faire l'investissement de la place ; aussi y avait-il chez tous les soldats de toutes les armes un entrain devant lequel les Russes, quel que fût leur nombre, n'auraient jamais pu tenir. Malheureusement, il n'en a pas été ainsi et nous devons nous résoudre à accepter notre position d'observation, qui a, du reste, l'avantage de nourrir toute notre cavalerie et notre artillerie de réserve avec le vert que l'on coupe dans la vallée.

Les principales raisons qui, je crois, ont empêché le mouvement tournant sont : d'abord les grandes difficultés que l'on aurait eues à nous faire vivre, puisque tous les approvisionnements viennent de la baie de Kamiesch et que le nombre de nos transports, déjà bien restreint pour nos besoins actuels, eût été insuffisant si nous nous étions encore éloignés. En outre, ce mouvement, comme opération militaire, était peut-être imprudent, car après avoir culbuté les Russes pour gagner les hauteurs de droite de la Tchernaïa, nous étions obligés d'effectuer un changement de front à gauche pour achever l'investissement ; nous avions alors devant nous les forts du Nord et, derrière, un terrain très facile, sans obstacles naturels pour nous couvrir, et nous pouvions ainsi, à un moment donné, être pris entre deux feux. Le mouvement tournant, fait du moins de cette manière, paraît donc complètement abandonné.

Depuis que le général Pélissier commande en chef, les attaques du siège ont pris une vigueur inconnue jusque-là, surtout du côté du Mamelon-Vert et de la tour Malakoff, qui est, comme on l'a toujours dit, la clef de la place, car elle domine la baie, et une fois maîtres de ce point, nous empêchons le ravitaillement de Sébastopol, qui se fait par mer.

Tous les convois russes s'arrêtent au pied du fort du Nord, sur la côte septentrionale et, ensuite, sont transportés dans la ville par des bateaux qui traversent la baie.

Cette attaque, du reste, ne sera pas aussi dure qu'on pouvait le croire au premier abord, car nous sommes assez nombreux maintenant pour simuler des attaques sur tous les points à la fois, ce qui forcera naturellement les Russes, de leur côté, à éparpiller leurs troupes ; et puis, en même temps que le Mamelon-Vert et la tour Malakoff. on attaquera aussi les Ouvrages Blancs situés entre la grande baie et la baie du Carénage.

Ces ouvrages battent le terrain en avant du Mamelon-Vert, et forment ainsi la défense la plus sérieuse de ce point ; mais il est à présumer qu'ils n'offriront pas une grande résistance, car ils ne communiquent avec la place que par un petit pont de bateaux sur la baie du Carénage.

Des troupes ainsi placées, n'ayant pour retraite qu'un pont étroit, n'apportent pas habituellement la même confiance et la même vigueur dans la résistance, par la crainte qu'elles ont d'être coupées.

Déjà on a beaucoup avancé les attaques du Mamelon-Vert et de la tour Malakoff, et d'après l'ensemble des avantages obtenus sur différents points et surtout d'après la manière prompte et ferme dont les opérations sont actuellement menées, personne ne doute plus du succès, même dans un bref délai ; les plus sceptiques, jusqu'ici, en conviennent. La réussite de l'expédition de Kertch y est du reste pour beaucoup ; les Russes doivent se trouver maintenant dans une position fort critique, puisqu'ils ont mis le feu à leurs magasins, qui renfermaient d'énormes approvisionnements.

En outre, comme nous occupons Kertch, que nous sommes maîtres de la mer d'Azof, et que nous nous sommes emparés de tous les transports, les Russes seront obligés de tout faire venir par Pérékop, ce qui présentera de très grandes difficultés, car, depuis Pérékop jusqu'à Simféropol, ce ne sont que steppes, où l'eau manque le plus souvent.

Vous avez déjà appris, sans doute, par le télégraphe, que le général Canrobert a quitté le commandement du corps d'observation pour le remettre entre les mains du général Morris, qui est plus ancien que lui.

Sa conduite a été approuvée de tous et lui a gagné l'estime de toute l'armée.

Quant à moi, je suis dans une position à ne plus vous inspirer de craintes. La seule chose que nous pourrions tenter serait de nous avancer quelquefois sur les hauteurs pour y faire des reconnaissances, et encore ce n'est pas probable.

Vivez donc tranquilles,

Je vous embrasse de tout mon cœur.

H. L.

Je vous ai déjà dit que j'ai reçu les caisses de Mme de C., auxquelles nous avons déjà fait une brèche assez considérable dans la crainte où nous étions de ne pouvoir les emporter. Mais maintenant nous ménageons nos provisions.

XXV

Camp de Traktir, le 5 juin 1855.

Mes chers parents,

Avant-hier dimanche, nous avons fait, dans la vallée de Baïdar, une reconnaissance qui fut une vraie partie de plaisir.

Pour cette reconnaissance, la 1re et la 5me division du 2me corps, qui occupent les lignes de la Tchernaïa, avaient fourni chacune trois bataillons. Le reste des divisions gardait nos camps. A ces six bataillons d'infanterie, on avait adjoint toute notre cavalerie qui se compose de six régiments : deux de hussards, deux de dragons et deux de chasseurs d'Afrique. Les Piémontais, de leur côté, avaient fait prendre les armes à 5.000 hommes d'infanterie.

A minuit, les troupes ont quitté leurs camps respectifs pour se rendre au point de réunion : la route Voronzof, à l'endroit où elle traverse les avant-postes piémontais, vis-à-vis le village de Tchorgoune. A trois heures du matin on s'est mis en marche. La cavalerie tenait la tête de la colonne ; les Piémontais marchaient ensuite et enfin venait l'infanterie française.

La route Voronzof, la seule qui existe en Crimée, est aussi belle que nos routes françaises, elle a été taillée dans le roc vif; à gauche, nous avions un mur vertical où se voient encore les trous des pétards qui ont fait sauter les rochers, et, à notre droite, un autre mur vertical, au pied duquel coule une petite rivière, la Gruntzen, affluent de la Tchernaïa, à laquelle elle se joint au village de Tchorgoune.

Les Piémontais, après avoir traversé la Gruntzen, ont quitté la colonne pour prendre à gauche et monter sur les hauteurs, pendant que nous poursuivions notre marche sur la route Voronzof.

Si, à ce moment nous avions été attaqués, notre position était des plus critiques, puisqu'il était impossible, même à l'infanterie, de gravir directement les hauteurs; c'est pourquoi on avait envoyé les Piémontais sur notre gauche pour occuper les crêtes et assurer notre marche.

Pendant l'espace de six kilomètres, la vallée est excessivement étroite; elle est fermée de chaque côté par d'énormes rochers, c'est comme une avenue où on se sent emprisonné. Aussi quelle surprise en débouchant dans la belle et riche vallée de Varnoutka! Au lieu des rochers que nous commencions à trouver monotones, des prairies superbes, des bois, où nous nous reposons à l'ombre des grands arbres, des collines riantes, au pied desquelles sont deux villages, bâtis en amphithéâtre, qui avaient été abandonnés. Il s'y trouvait cependant une grand'garde de cosaques, qui s'est retirée à notre approche.

Ces villages *Tatars* ont un aspect fort misérable : toutes les maisons sont construites en torchis, les murs sont de grandes claies sur lesquelles on applique des couches de boue. Beaucoup même n'avaient plus cette boue, preuve que ces villages sont inhabités depuis un certain temps.

Après une pause, nous avons traversé une forêt magnifique et de vastes éclaircies semées ici et là de *Khoutor* (fermes), toutes abandonnées aussi.

A la sortie de la forêt, où notre dernière découverte a été une très belle habitation, rendez-vous de chasse sans doute, nous sommes enfin arrivés dans la vallée de Baïdar, but de notre reconnaissance. Là, nous avons trouvé une grande plaine, parfaitement cultivée et qui doit être très productive.

Le village de Baïdar est bâti au milieu de la plaine : il est beaucoup plus considérable que ceux que nous avons vus jusqu'ici. Quand nous sommes arrivés, les habitants étaient sur leurs portes, et nous ont regardés avec beaucoup de curiosité, sans manifester aucun sentiment de crainte ou de sympathie. Les ordres les plus sévères ont été donnés pour que les soldats ne commissent aucun désordre.

Il y avait là un petit entrepôt de vin et de tabac pour l'armée Russe, que nous nous sommes approprié, et on a fait sur place la distribution aux soldats ; le vin du pays est excellent et a été fort goûté.

Nous avons ensuite continué notre chemin, sans autre incident que la rencontre de quelques centaines de cosaques qui ont fui à l'approche de la cavalerie ; nous en avons cependant tué quelques-uns.

Enfin, nous sommes rentrés à nos camps à neuf heures du soir, après avoir fait nos quarante-cinq kilomètres, et, par conséquent, très fatigués, mais enchantés de la belle promenade que nous avions faite.

Maintenant, je n'ai rien de mieux à faire, après ce récit, que d'aller me coucher, et je vous embrasse.

H. LOIZILLON.

7

XXVI

Mamelon Vert, le 9 juin 1855.

Mes chers parents,

Le télégraphe électrique, cette invention affreuse pour les familles, doit vous avoir appris déjà nos succès, et vous avoir mis dans une grande inquiétude jusqu'à la réception de cette lettre.

Nous avons conquis une position magnifique et dont la possession avance beaucoup le siège.

On nous a fait quitter notre emplacement des lignes de la Tchernaïa à minuit, pour venir avec la 2e division attaquer le Mamelon-Vert. L'entrain de nos soldats a été superbe, mais aussi les pertes sont grandes. Je vous donnerai plus de détails dans ma première. Voilà trois jours que nous sommes ici et nous ne serons relevés que demain matin, de sorte que nous aurons quatre nuits blanches. La cinquième, de repos, sera la bienvenue.

Je suis sorti sain et sauf, ayant été assez heureux pour échapper à tout. Conégliano a été blessé d'une balle à l'épaule ; le colonel Hardy du 11e léger, que vous connaissez, est tué, et tant d'autres...

Je vous embrasse tous.

Henri LOIZILLON.

XXVII

Camp de Traktir, le 12 juin 1855.

Comme je vous l'avais promis, je m'empresse de vous écrire pour vous rassurer tout à fait et vous donner des détails sur la sanglante affaire à laquelle nous avons pris part.

Afin de vous faire mieux comprendre, je joins à ma lettre un petit croquis de la position, et vais vous faire en même temps la description du terrain.

La tour Malakoff, située sur un mamelon très élevé, qui domine la rade et une partie de la ville, a été détruite dès l'origine du siège par les batteries anglaises, tirant à la distance énorme de dix-huit cents mètres. Les Russes l'ont alors entourée d'un immense ouvrage en terre, qui a un fossé très large et très profond, en avant duquel ils ont établi des abatis.

Le Mamelon-Vert, à six cents mètres de distance de la tour, dont il est séparé par une importante dépression du sol, a aussi un grand commandement. Lorsque nous avons ouvert nos tranchées de l'attaque Victoria, les Russes ont construit très rapidement sur le Mamelon-Vert un ouvrage formidable, armé d'une vingtaine de pièces de gros calibre ; en outre, ils ont creusé en avant une parallèle très rapprochée des nôtres.

Voyant le moment où, à cause de nos progrès, ils seraient obligés d'abandonner cette parallèle, ils en ont construit une seconde en arrière, pour défendre le terrain pied à pied.

Toutes nos attaques Victoria sont comprises entre le ravin de Karabelnaïa et le ravin du Carénage : le premier peut être franchi partout, tandis que le second ressemble à un immense corridor bordé à droite et à gauche par des murs de roches très élevés; aussi nos attaques Victoria sont-elles reliées à gauche aux attaques anglaises, tandis qu'elles sont séparées de nos attaques du Carénage.

Vis-à-vis de ces dernières sont les Ouvrages Blancs, qui ont déjà été attaqués le 23 février par le général de Monet. Ces ouvrages ne communiquent avec la place que par un petit pont établi sur la baie du Carénage.

En arrière de l'Ouvrage Blanc n° 3 (1) et sur le même terrain que la Tour Malakoff, se trouvent deux batteries russes dites le Petit-Redan, et la batterie de la Pointe, qui tirent sur les attaques du Carénage, et battent en même temps le terrain compris entre notre parallèle Victoria et le Mamelon-Vert. Le Grand-Redan, qui est devant les attaques anglaises, ainsi qu'une autre batterie et une ligne de contre-approche à la droite de la Tour Malakoff y ont également des vues, de sorte que ce terrain est battu par plus de quarante pièces de canon qui y croisent leurs feux, sans compter les navires qui se sont mis aussi de la partie.

(1) L'ouvrage désigné sous ce numéro est la batterie Russe du 2 Mai, ou batterie Zabalkansky. Les ouvrages n° 1 et 2 étaient les redoutes Selenghinsk et de Volhynie.   *(Note de l'Éditeur.)*

Vous voyez que ce n'était pas une petite affaire d'attaquer à la fois et le Mamelon et les Ouvrages Blancs; cependant le général Pélissier, voulant à tout prix resserrer l'ennemi de ce côté, n'a pas hésité à ordonner l'attaque.

Le feu a été ouvert le 6 à deux heures de l'après-midi. A minuit, la 5ᵉ division du 2ᵉ corps a reçu l'ordre de quitter les lignes de la Tchernaïa pour aller camper sur le plateau; elle devait soutenir la 2ᵉ division, chargée de l'attaque du Mamelon. Les Ouvrages Blancs furent attaqués par la 3ᵉ division, soutenue par la 4ᵉ.

Le 7, à six heures du soir, les troupes étaient placées pour l'attaque, attendant le signal qui était une fusée devant partir de la redoute Victoria.

Aussitôt que la fusée s'est élevée, la 1ʳᵉ brigade de la 2ᵉ division, sous la conduite du général Wimpfen, s'est élancée de nos tranchées, a traversé au pas de course la tranchée russe, en chassant devant elle les soldats qui la défendaient, et sous un feu terrible de toutes les batteries que je vous ai nommées plus haut, est arrivée au Mamelon-Vert, où elle pénétra avec un irrésistible élan. Tous les canonniers russes étaient à leurs pièces, et ont été pris ou tués sur place.

Les ordres du général en chef étaient de s'emparer seulement du mamelon; mais l'ardeur des soldats était telle qu'après avoir passé comme un ouragan snr le Mamelon-Vert, ils ont continué leur course sur la Tour Malakoff, malgré tous les efforts des officiers pour les retenir.

Ils allèrent ainsi jusqu'aux fossés de la Tour en laissant derrière eux le terrain jonché de cadavres.

Les Russes qui, sur ce point, étaient en nombre, les ont repoussés et forcés de revenir sur le Mamelon. — Pendant ce mouvement rétrograde, la mitraille les a abîmés;

serrés de près par l'ennemi, ils ont continué leur chemin pour gagner nos tranchées sans même s'arrêter au Mamelon.

Mais, à la vue de la 2e brigade de la 2e division et de la 1re de la 5e, qui avançaient pour les soutenir, ces braves ont fait demi-tour et, toujours sous la mitraille, se sont de nouveau rués sur les Russes, auxquels ils ont repris le Mamelon.

Les deux brigades de soutien étant aussi arrivées au Mamelon, les soldats se mirent à crier : « A Malakoff », et les voilà repartis sur la Tour, sur le Petit-Redan et la batterie de la Pointe.

Renonçant à contenir l'élan de leurs hommes, les officiers marchèrent à leur tête, et cette nouvelle attaque, comme la première, parvint jusqu'aux batteries russes, mais pour y être brisée et ramenée au Mamelon.

Ce n'est qu'avec des peines incroyables que nous avons pu arrêter les soldats qui voulaient encore s'élancer sur Malakoff; il suffisait d'un clairon montant sur le parapet, sonnant la charge pour mettre le désordre dans les colonnes qui se débandaient pour recommencer l'attaque. Tous les officiers, généraux et autres, étaient obligés de courir pour les retenir et les faire rentrer dans l'ouvrage.

Jusqu'ici je savais que le premier élan des Français est irrésistible, mais je ne les croyais pas capables d'une telle persévérance. Tous ces petits troupiers ont été des héros ce jour-là. — Si cet acharnement qu'ils ont mis à prendre la Tour Malakoff est admirable, il est aussi fort à regretter, car la première occupation du Mamelon ne nous avait pas coûté de grandes pertes, tandis que par ces attaques renouvelées, le chiffre en est devenu effrayant.

Pendant que ces événements se passaient aux attaques

Victoria, les Ouvrages Blancs étaient attaqués de front en même temps qu'on les tournait par le ravin du Carénage.

La 3e division a montré, là, la même ardeur que la 2e et la 5e au Mamelon; les trois ouvrages ont été enlevés à la fois et la plus grande partie des défenseurs faits prisonniers.

Il n'y avait pas à craindre, de ce côté, ce qui est arrivé aux attaques Victoria, car après les Ouvrages Blancs vient la mer. Cependant on y a aussi outrepassé les ordres du général en chef, qui se bornaient à la prise des nos 1 et 2. — Après avoir encloué les pièces de l'ouvrage n° 3, on l'a fait évacuer, non pas dans la crainte d'un retour offensif, mais parce qu'il était trop exposé aux feux des batteries, de l'autre côté de la baie.

Ainsi, dans l'espace de deux heures, on avait conquis ce formidable Mamelon, que l'on croyait imprenable, et les Ouvrages Blancs, pris soixante-deux pièces de canon du gros calibre de la marine et fait six à sept cents prisonniers.

Nos pertes ont été bien grandes, il est vrai : l'estimation la plus modérée en porte le nombre à trois mille hommes mis hors de combat. Ces pertes sont d'autant plus regrettables que si les soldats ne s'étaient pas laissé entraîner par leur ardeur et avaient exécuté les ordres du général en chef, nous n'aurions pas eu plus de cinq cents hommes tués ou blessés.

Les pertes en officiers sont surtout énormes; plusieurs bataillons n'ont plus que quatre, cinq ou six officiers; tous les autres étant tués, blessés ou disparus. Le général Lavarande a été tué par un boulet, après l'action, sur le plateau du Carénage. Le pauvre colonel Hardy, du 11e léger, a reçu un biscaïen dans le ventre; il est mort le lendemain. Le colonel et le lieutenant-colonel du 50ᵉ ont été tués avec un grand nombre d'officiers supérieurs.

Ces pertes en officiers, hors de toute proportion avec celles de la troupe, témoignent de l'acharnement de la lutte où les chefs ont vaillamment payé de leur personne. Avec de tels hommes il n'est rien d'impossible; aussi beaucoup pensent à présent que si la prise de Malakoff avait été résolue par le général en chef et son attaque combinée avec une entreprise des Anglais sur le Grand-Redan, nous eussions surmonté tous les obstacles, et que Sébastopol, à l'heure présente, serait presque dans nos mains.

Après la prise des ouvrages, les périls n'étaient pas encore passés; il fallait y rester, s'y loger et y établir des batteries, le tout sous la mitraille, les boulets et les bombes.

Immédiatement des travailleurs armés de pelles et de pioches ont commencé à retourner les épaulements, et comme on craignait pour la nuit un retour offensif de la part des Russes, on a fait rester là quatre divisions dans leurs positions pendant deux jours.

La 2ᵉ division est rentrée à son camp, tandis que la 5ᵉ conservait la garde du Mamelon, ce qui lui faisait sa quatrième nuit sans sommeil. La 3ᵉ division est restée au Carénage, et la 4ᵉ est rentrée au camp. Eh bien, malgré toutes ces fatigues prolongées, accompagnées des plus grands périls, on n'a pas entendu une seule plainte ni un seul murmure de la part des soldats.

Comme en toutes choses, il y a dans une bataille le revers de la médaille : le lendemain matin, la vue de tous ces morts, de tous ces blessés qui étaient encore sur place et qu'on n'avait pu relever, était un affreux spectacle.

Les cadavres épars entre nos attaques et le Mamelon ont été enterrés immédiatement, là où ils se trouvaient. Malheureusement le plus grand nombre jonchait l'espace entre le Mamelon et la Tour Malakoff, et ce n'est que le surlendemain de l'affaire, à midi, qu'il y a eu armistice pour l'enterrement des morts. — Sous l'action ardente du soleil la décomposition des corps a été rapide et l'air en était empoisonné. Détail horrible : on a retrouvé une vingtaine de blessés qui étaient là depuis quarante-huit heures sans aucune espèce de secours...

Nous avons dans nos ambulances un grand nombre d'officiers Russes blessés, parmi lesquels un capitaine d'artillerie, pris au commencement de l'action au Mamelon-Vert. On l'a transporté tout de suite à l'ambulance, où le bruit s'était répandu que nous nous étions emparés de la Tour Malakoff. « Si cette nouvelle, à laquelle je ne « puis croire, était vraie, dit le capitaine, maîtres de la « Tour, vous seriez maîtres de la place. »

Il a ajouté que jamais ils n'auraient cru à une audace semblable à la nôtre, et qu'ils ne s'attendaient à une attaque sérieuse qu'après huit jours de feu.

Une fois maîtres des positions, nous nous méfiions tous d'un retour offensif; nous le regardions même comme certain en considérant la conduite précédente des Russes. — Il n'en a rien été, et cette inertie nous donne la mesure de leur découragement.

Les événements de Kertch ont mis les Russes dans une situation très critique; beaucoup de leurs soldats prisonniers affirment qu'on a déjà réduit leurs rations. Cette détresse matérielle et morale simplifierait singulièrement notre tâche; mais sans trop compter sur les symptômes qui la trahissent, nous avons bien d'autres raisons de croire au succès final.

L'ennemi est resserré de tous les côtés; ses communications par la rade, avec la côte, vont lui devenir très difficiles lorsque nous aurons ouvert notre feu au Mamelon et à l'Ouvrage Blanc n° 3.

En outre, le général Pélissier va pousser les choses vigoureusement; il est plus que probable que, d'ici à peu de jours, on commencera les attaques sur la Tour Malakoff et on les mènera promptement pour donner la bataille sur tous les points à fois.

D'après la conduite des Russes dans cette dernière affaire, je suis convaincu, et maints officiers le sont avec moi, que du jour où nous serons maîtres de la Tour Malakoff, les Russes mettront le feu à la ville et l'abandonneront (1). — Il faut, du reste, leur rendre justice; jusqu'ici ils ne se sont que trop bien défendus; leurs officiers sont pleins de courage et d'intelligence, leur défense très bien conçue et leurs travaux parfaitement exécutés.

La disposition intérieure du Mamelon-Vert nous a beaucoup surpris quand nous y sommes entrés; partout il y avait des traverses blindées où les hommes venaient se mettre à l'abri des bombes, pour retourner ensuite à leurs pièces. Nous avons, en outre, découvert un énorme souterrain où pouvaient tenir deux cents hommes d'infanterie affectés à la défense de l'ouvrage, de sorte que les pertes qu'ils ont éprouvées sont beaucoup moindres que nous le supposions.

Toutes ces traverses blindées sont d'autant plus curieuses

(1) C'était prophétiser quatre mois avant l'événement et, bien qu'en dise Loizillon, tous les officiers ne voyaient pas aussi juste. (Voir la correspondance du général Niel et du maréchal Vaillant.)

(Note de l'Éditeur.)

qu'on y trouve un confortable étonnant : des lits avec édre-don, des porcelaines, des services à thé complets, etc., dont les soldats se sont servis, bien entendu.

Il y avait aussi une chapelle dont le seul objet digne de remarque était un fort beau Christ en bois sculpté et doré.

Ce qui, je trouve, a dû le plus irriter les Russes, c'est d'avoir été obligés de faire feu de toutes leurs pièces sur ce Mamelon-Vert, qui était l'objet de tous leurs soins. — Ils n'ont pas hésité du reste, car à peine en avons-nous été les maîtres, qu'ils y ont lancé des masses de bombes. Aussi quand a paru le jour, quel triste spectacle il nous a offert, partout le désordre et la destruction!...

Tous les canonniers russes étaient tués à leurs pièces, des cadavres français par-dessus, et, au milieu de tous ces morts, quelques agonisants se soulevaient en poussant des plaintes déchirantes, pour retomber dans l'éternité. — Une chose remarquable qui nous a tous frappés, c'est la différence qui existe entre les cadavres : les Russes se gonflent immédiatement et prennent tout de suite une teinte terreuse, tandis que les Français ont encore l'air menaçant, même dans la mort.

Mais c'est assez vous appesantir sur ces horreurs, et maintenant que je vous ai expliqué la chose générale, je vais vous parler de moi et de mes amis.

Comme vous le savez déjà, nous avons quitté notre camp de la Tchernaïa à minuit pour nous rendre sur le plateau où nous sommes arrivés au jour. Là, les régiments se sont reposés pendant que l'état-major était accablé d'ordres à expédier, de reconnaissances à faire, de dispositions à prendre.

Après avoir mangé un fort maigre repas, nous nous sommes mis en marche à quatre heures et demie pour arriver dans le ravin de Karabelnaïa où la division s'est arrêtée.

Le général Brunet avec tout son état-major, excepté moi, est monté à la redoute Victoria pour joindre le général Pélissier qui s'y trouvait. Pendant ce temps j'ai conduit quatre cents travailleurs dans les premières tranchées : en route nous avons eu une dizaine d'hommes de tués.

J'ai été ensuite rejoindre le général, et lorsque nous avons vu les troupes quitter en déroute le Mamelon-Vert, nous sommes redescendus dans le ravin pour marcher avec des renforts. On m'avait dépêché en avant pour faire prendre les armes, de sorte que, lorsque le général est arrivé, tout était prêt. On s'ébranla et on parvint rapidement aux tranchées, où les projectiles de toute nature tombaient à foison. Là, le général nous répartit entre les bataillons qui devaient se porter en avant.

Conegliano était avec le 4ᵉ bataillon de chasseurs qui, une fois arrivé à hauteur du Mamelon, s'est égaillé pour courir sur la Tour. Il a marché avec ce bataillon, bien entendu, et c'est alors qu'une balle l'a atteint; elle s'est arrêtée dans son spencer (car il faut vous dire que nous nous étions faits très beaux, ne voulant pas, si nous étions tués, que les Russes pussent dire que nous n'étions pas élégants).

Dans le même temps, le colonel Delaville, notre chef d'état-major, conduisait deux bataillons au Mamelon-Vert, et moi, j'avais reçu l'ordre de le précéder près du général de Wimpfen pour me renseigner et savoir où l'on devait placer ces deux bataillons.

Le général les fit diriger sur la droite, avec défense de dépasser les parallèles russes ; mais, comme vous le savez déjà, les soldats n'en ont pas tenu compte et se sont élancés sur le Petit-Redan : à cet instant le colonel Hardy tomba, frappé à mort par la mitraille qui pleuvait drue. Nous avons été ainsi jusque près de cette batterie et nous fûmes ramenés à la position indiquée par le général de Wimpfen et que nous n'aurions jamais dû dépasser.

Lorsque tout fut parfaitement réglé, je revins à notre tranchée, où était le général Brunet et, pour le joindre, j'étais obligé de repasser par ce terrain que les batteries russes, faisant feu de toutes pièces, labouraient en tous les sens.

En route, je rencontrai un pauvre soldat de tirailleurs algériens, blessé au mollet par une balle et qui se servait de son fusil comme d'une béquille. Il souffrait et se plaignait beaucoup : au moment où je cherchais à l'encourager en lui disant que la tranchée était proche, un boulet survint qui le coupa en deux.

Arrivé à la tranchée, je rends compte des faits au général Brunet, qui me dépêche au général Bosquet pour l'en instruire. Je remonte alors vers la batterie de Lancastre, près de la redoute Victoria, toujours accompagné par les projectiles. Le général Bosquet, après ma narration, me prend par le cou, m'embrasse et me dit : « Retournez vite « auprès des généraux Camou et Brunet et dites-leur que « je suis dans l'enchantement ; leur troupe a été ce que « j'en attendais, c'est-à-dire magnifique. »

Je terminai ces allées et venues au Mamelon-Vert et j'y passai la nuit dans la tranchée où nous étions à peu près à l'abri.

Le lendemain matin, nouvelle mission : on m'envoie à l'ambulance dans le ravin de Karabelnaïa. A l'instant même où j'arrive, une bombe fait explosion au milieu du 7e léger, tue quatre soldats et ce pauvre Baudouin, votre ami : il était en lambeaux.

Bref, pendant les trois jours et les trois nuits que nous demeurâmes sur le plateau, je ne cessai de courir. Ces courses et ces nuits blanches, dont la première est celle où nous avons quitté la Tchernaïa, m'avait littéralement *échiné*. Je ne trouve pas d'autre terme pour vous peindre mon état, et je ne suis pas encore remis; mais cela ne tardera pas, car en quittant la tranchée nous sommes revenus prendre nos positions de la Tchernaïa où nous sommes comme des coqs en pâte. Il est probable qu'on nous y laissera pendant quelque temps.

Maintenant je suis sûr que vous êtes impatients de savoir quelles ont été mes impressions : eh bien, si je juge les autres d'après moi, j'ai la conviction que le plus grand nombre des soldats, dans les moments les plus critiques, ne pensent pas au péril.

Pendant toutes ces scènes de carnage, il ne m'est pas venu à l'idée, un seul instant, que je pouvais y rester. Aussi, je le crois, rien n'est plus facile que d'être brave dans l'action. Mais c'est le lendemain, la vue du champ de bataille, des ambulances, qui fait faire de tristes réflexions. J'ai été plus que tout autre à même de m'en apercevoir, ayant été chargé de l'ensevelissement des morts qui, comme je vous l'ai dit, étaient en putréfaction. Mes courses au Mamelon-Vert n'étaient rien en comparaison de cette corvée.

Donc, en somme, j'ai fait mon devoir sans sourciller et tout le monde aussi... Je serais sûrement décoré si je me trouvais dans une autre division. Malheureusement je suis toujours en concurrence avec des officiers dont les titres priment les miens : ainsi Conegliano, qui a huit ans de grade et qui a été blessé; le colonel qui a des droits à la croix d'officier, passeront de toute justice avant moi.

Le général m'a dit qu'il ne pouvait faire décorer tout le

monde, mais qu'il ne m'oublie point et que je ne m'impa-
tiente pas. Dans son premier rapport au général en chef,
le lendemain de l'affaire, il m'a cité. S'il y a des citations,
je crois que mon nom y figurera. Après tout, au petit
bonheur, les occasions se représenteront.

Je vous embrasse.

Henri LOIZILLON.

XXVIII

Devant Sébastopol, le 19 juin 1855.

Mes chers parents,

A peine remis des émotions de l'affaire du 7 juin, vous devez être, en ce moment, déchirés par de nouvelles et bien plus vives angoisses, en apprenant, par le télégraphe, l'attaque malheureuse de Malakoff, où nous avons été complètement abîmés.

Le feu n'était pas ouvert depuis dix minutes que toute notre tête de colonne était par terre.

Le pauvre général Brunet, qui s'exposait comme un soldat, a été tué d'une balle en pleine poitrine, au moment où il faisait avancer un régiment au secours d'un autre fortement engagé.

Le commandement de la division fut pris aussitôt par le général Lafont de Villiers (celui qui m'avait demandé pour aide-de-camp); notre état-major demeura avec lui et il faisait chaud à ses côtés.

Le général Lafont a reçu deux biscaïens qui, heureusement, n'ont fait que l'effleurer. Les deux capitaines d'état-major, c'est-à-dire Royer et moi, avons été touchés. Royer par une balle dans le pied, blessure légère, et moi à la hanche, par un biscaïen qui m'a fait une forte contusion dont il ne sera plus question dans trois ou quatre jours. Les deux officiers d'ordonnance du général Lafont sont blessés, et l'un d'eux très grièvement. L'officier d'ordonnance d'un colonel qui commandait la première brigade est aussi blessé. En un mot, sur neuf généraux et officiers d'état-major que nous étions là, il n'y a que le colonel qui n'ait pas été atteint.

Dans les régiments la proportion est la même.

Le colonel du 49ᵉ et son lieutenant-colonel, blessés.

Le colonel du 16ᵒ, blessé dangereusement.

Au 11ᵉ léger, dont le colonel a déjà été tué au Mamelon-Vert, le commandant Lebrun, de Longuyon, qui vous connaissait, a été tué raide.

Le nombre des officiers tués ou blessés est énorme, et cependant quand on songe à toute cette mitraille, aux balles, aux boulets, bombes et obus qui tombaient aussi serrés qu'une pluie d'orage, on ne comprend pas comment tout le monde n'y est pas resté.

Les autres divisions qui attaquaient n'ont guère été plus heureuses que la nôtre.

A la droite, la division Mayran a fait aussi de très grandes pertes. Le général Mayran est blessé à mort.

A gauche, la division d'Autemarre a eu le même sort : le pauvre frère de Conegliano, qui en faisait partie, a été tué. Mon ami l'ignore encore ; seulement il croit son frère blessé et prisonnier.

Si vous avez un plan de Sébastopol, vous verrez que la Tour Malakoff est en arrière du Mamelon-Vert et qu'elle est reliée sur sa droite au Grand-Redan, sur sa gauche au Petit-Redan et à la batterie de la Pointe, par un retranchement muni d'un fossé très large et très profond.

Les Anglais devaient attaquer le Grand-Redan pendant que nos troupes attaqueraient la Tour Malakoff sur trois points différents : à gauche, la division d'Autemarre, prenant par le ravin de Karabelnaïa, avait pour objectif le flanc droit de la Tour. — Nous, au centre, nous devions nous diriger sur le milieu du retranchement et tourner Malakoff par sa gauche, pour donner la main à la division d'Autemarre. — Enfin la division Mayran était lancée contre les batteries de la Pointe et du Petit-Redan.

Tous ces mouvements combinés devaient s'exécuter au signal d'une fusée partie du Mamelon-Vert, à la pointe du jour.

Le 17, les troupes ont quitté leur camp à onze heures du soir, pour être placées lors du signal. — Une demi-heure avant ce signal nous avons entendu la fusillade commencer à notre droite et nous ne savons encore si ce sont les Russes ou les Français qui l'ont engagée les premiers (1).

Aussitôt les Russes, qui nous avaient laissés nous placer sans donner signe de vie et sans répondre au feu continu de toutes nos batteries, nous ont envoyé de la mitraille de toutes leurs pièces.

C'est cette mitraille, surtout, qui nous a fait tant de mal, car c'est dans ce moment que nos soldats franchissaient les parapets pour s'élancer sur les retranchements où ils sont arrivés décimés. Ils ont néanmoins tenté de placer les échelles; mais derrière le parapet les Russes qui nous fusillaient, étaient en si grand nombre, qu'il fallut y renoncer et revenir sur nos pas.

(1) Le général Mayran prit pour la fusée de signal une bombe à trace fusante partie de la redoute Brancion. Il donna ainsi, prématurément, l'ordre d'attaquer à sa division. *(Note de l'Éditeur.)*

Cependant, au lieu de rentrer dans les tranchées, nos hommes s'arrêtèrent dans des carrières situées à mi-chemin du retranchement russe, d'où ils firent bravement le coup de fusil.

Pendant ce temps, le 5e bataillon de chasseurs, de la division d'Autemarre, avait exécuté son mouvement, à couvert dans le ravin de Karabelnaïa, et était entré sans trop de difficultés dans l'enceinte de Malakoff; mais n'étant pas soutenu d'assez près, il ne put conserver ses avantages. Le 19e de ligne qui le suivait, donna à son tour, mais l'ennemi, rassuré sur les autres points, accumulait les renforts de ce côté. Nous n'étions pas en nombre et finalement nous fûmes repoussés.

Dans notre division on renouvela l'attaque sans plus de succès.

Le combat a commencé à trois heures du matin et ce n'est qu'à huit heures et demie que nous sommes rentrés dans nos lignes.

On cherche et l'on donne les raisons qui ont fait manquer cette attaque. On se rejette sur le manque d'ensemble et sur des fautes commises : mais le seul motif réel de notre échec est que nous avions presque toute la garnison sur les bras.

Depuis trois jours les Russes avaient fait entrer dans la place plus de vingt mille hommes qui ont tous, certainement, renforcé les gardes habituelles de la Tour, car ils savaient bien que c'était par là qu'on les atttaquerait.

Déjà très forte par elle-même, leur position devenait inabordable avec une telle quantité de troupes et surtout avec le concours de leurs bâtiments qui nous envoyaient des paquets de mitraille.

Le général Pélissier voulait, dit-on, faire renouveler

l'attaque le soir même; mais il a été bien obligé d'y renoncer.

Je crois que pour aboutir, il faudra s'arrêter à l'un des deux points suivants : soit de tourner la place par le Nord pour compléter son investissement, couper ses dernières communications et la réduire par la famine; soit de livrer bataille sur tous les points du front sud, pour amener la défense à se disséminer.

Quelle que soit la résolution du général en chef, je pense qu'elle ne se fera pas attendre, et que d'ici à quelque temps nous aurons encore du nouveau.

Quant à ce qui me concerne, soyez tout à fait tranquilles, je vous ai dit l'exacte vérité.

Au moment où nous nous portions en avant pour arrêter nos troupes, je me suis trouvé dans le cône d'une décharge de mitraille, et, par une permission de la Providence, le biscaïen qui m'était destiné a traversé une grosse motte de terre qui était devant moi. Cet obstacle l'a fait ricocher, mais aussi a tellement amorti sa force qu'il m'a atteint en douceur et m'a fait une simple contusion.

Toute la journée d'hier et toute la nuit j'y ai mis de l'eau fraîche; aujourd'hui je suis levé, et avec le bras de Rigaut je puis un peu marcher; j'assisterai même à l'enterrement du général Brunet qui a lieu à midi.

Je vous le répète, je suis très bien; après-demain la division prend la garde et je marcherai avec elle.

Adieu, mes chers parents, je vous embrasse et suis tout à vous.

H. Loizillon.

Mon pauvre ami Conegliano, au moment où nous partions pour l'attaque, me dit (il est très religieux) : « J'ai

« pris mon chapelet bénit par le pape, et j'ai dit une
« dizaine pour le général, une pour mon frère et une
« pour vous. »

Pauvre garçon! sur les trois, il n'y a que moi pour qui
il ait réussi.

XXIX

Devant Sébastopol, le 23 juin 1855.

Mes chers parents,

Craignant que vous ayez conservé un reste d'inquiétude, je vous écris encore aujourd'hui pour vous dire que je suis presque entièrement valide; je marche avec une canne, et j'espère reprendre mon service dans trois ou quatre jours.

Comme je vous l'ai dit, j'ai été un des rares heureux de la journée, puisque le coup que j'ai reçu n'a aucune suite fâcheuse. Oui, je l'avoue, quand je me suis tâté et que j'ai reconnu être au complet, j'ai eu un moment de bonheur comme je n'en avais jamais ressenti encore.

Lorsque j'ai été jeté à terre par mon biscaïen, un voltigeur du 11e léger m'a aussitôt pris sur ses épaules et m'a rapporté dans la tranchée; on m'a hissé sur mon cheval et je suis rentré au camp. J'avais oublié de vous donner ce détail qui me revient, voici pourquoi :

Le chef d'état-major a voulu que ce voltigeur fût porté pour une récompense; il en a écrit à son colonel, qui l'a désigné pour la médaille. J'espère qu'il l'aura, et j'en serai bien content pour ce pauvre garçon. Comme il doit vous intéresser, je vous apprendrai que dans sa compagnie il passe pour un crâne soldat; il se nomme Donnat et a déjà été blessé trois fois; sa dernière blessure à la main va très bien.

Je vous ai expliqué dans quelle situation désavantageuse je me trouve dans ma division, au milieu de camarades beaucoup plus anciens que moi, et ayant des titres incontestables; je ne pouvais donc rien espérer après l'affaire du Mamelon-Vert. Cette fois nous avons tous été blessés, nous avons tous également bien fait notre devoir, mais je me trouve encore être le troisième. Cependant le général Lafont de Villiers m'a aussi porté pour la croix avec des notes très brillantes qu'il m'a fait lire, ajoutant qu'il ne négligera rien pour obtenir toutes les récompenses qu'il réclame.

Je ne doute pas de son sincère désir de me faire avoir la décoration, car son amitié pour moi semble encore s'être augmentée; mais ce dont je suis sûr, c'est que jamais on n'accordera trois croix au même état-major, et c'est moi, je vous le répète, qui serai éliminé.

C'est une partie à refaire; peut-être la première fois la gagnerai-je. Seulement le général Lafont a été tellement bon pour moi et a élevé si haut le peu que j'ai pu faire que s'il me parle encore d'être son aide de camp j'accepterai.

Nous sommes bien tristes en ce moment : chaque jour on apprend la mort d'un ami, d'un camarade, d'un chef que l'on aimait.

Les deux régiments de notre 2e brigade offrent un spectacle navrant; ils sont complètement désorganisés : des compagnies sont commandées par des caporaux, vous pouvez juger d'après cela des pertes que nous avons faites. Néanmoins nous faisons toujours un service forcé : notre division est de garde tous les deux jours, une nuit à la tranchée et une nuit au camp. Les soldats n'en peuvent plus. Ce que l'on veut faire maintenant? Nous n'en savons rien.

Conegliano est toujours bien malheureux de la mort de son frère. Sa blessure, à lui, va très bien. Il vous envoie ses félicitations pour le bonheur que vous avez eu de me conserver encore.

Le général Mayran est mort hier matin; on l'enterre aujourd'hui; son cœur va être porté en France.

Adieu, mes chers parents, je vous embrasse de tout mon cœur.

Bien à vous,

H. LOIZILLON.

XXX

Devant Sébastopol, le 29 juin 1855.

. . . .
. . . .

Je suis tout à fait rétabli ; j'ai repris mon service hier ; j'ai été de garde de tranchée et j'en suis descendu ce matin. Je n'éprouve plus qu'un peu de raideur dans la jambe. La partie lésée est encore légèrement sensible, et après avoir passé par toutes les couleurs de l'arc-en-ciel, elle commence à reparaître dans sa teinte blanche et normale. Vous voyez que c'est fini.

Le général Lafont de Villiers qui, malgré sa blessure à la jambe, a continué à commander la division, va très mal en ce moment. Il s'est formé une infiltration inquiétante, et sa blessure, qui dans le principe n'était rien, est devenue très dangereuse par suite des fatigues qu'a supportées le pauvre général. Avec son zèle naturel et dans les circonstances difficiles où se trouvait la division, il s'est réellement surmené.

Sa conduite le désignait, nous semblait-il, pour le commandement de la division, d'autant qu'il est le deuxième plus ancien de l'armée d'Orient. Il n'y faut plus compter désormais, car le général de Lamotterouge est nommé en remplacement du général Brunet, et vient d'arriver au grand quartier général.

En ce qui me concerne, j'ai très bien fait de ne vous laisser, dans ma dernière lettre, aucun espoir de récompense. On m'a donné à entendre qu'il est très fâcheux pour moi de figurer toujours le dernier par ancienneté — ce dont je suis innocent, il est vrai — mais que cette proposition étant la seconde, j'ai beaucoup de chances de voir aboutir la troisième..... J'en doute encore, car notre nouveau général arrive accompagné d'un officier d'ordonnance et d'un aide de camp qui peuvent parfaitement passer avant moi.

J'espérais, n'étant pas décoré, être au moins cité, mais toujours le hasard m'est contraire. Comme l'attaque Malakoff a été malheureuse, on s'est abstenu de citation; l'ordre du général en chef a paru, et il termine en disant que tout le monde ayant été brave, il ne peut citer personne.

Ce contre-temps, je vous assure, m'a trouvé très philosophe, et je vous prie de l'être comme moi. J'ai eu une compensation, dont je sens la valeur, dans les regrets que m'ont témoignés les officiers de troupe qui m'ont toujours rencontré sur la brèche, et qui ne se font pas faute de le dire en faisant allusion à de plus heureux.

Le *sic vos non vobis* ne s'applique pas à moi seul. Notre chef d'état-major qui, toujours et partout, a payé de sa personne plus qu'aucun de nous, s'est vu deux fois de suite enlever la croix d'officier par des camarades qui n'étaient pas à ces affaires. Devant cet exemple j'aurais, vous en conviendrez, mauvaise grâce à me plaindre, et je n'ai pas besoin de vous dire que, malgré tout, je remplirai mon devoir comme par le passé.

Je vous embrasse.

H. LOIZILLON.

XXXI

Devant Sébastopol, le 7 [juillet 1855.

Mes chers parents,

Depuis l'affaire de la Tour Malakoff il n'y a pas eu d'engagement.

D'après les rapports de déserteurs ou d'espions, on pouvait craindre une attaque sérieuse, car, disait-on, le général Luders venait avec cinquante mille hommes, décidé à reprendre les Ouvrages Blancs et le Mamelon-Vert, même au prix des plus grands sacrifices. Ces renseignements, malgré leur peu de créance, n'étaient cependant pas à négliger, et pendant trois jours nous avons redoublé de précaution et de vigilance.

Les Russes, de leur côté, sont continuellement sur le qui-vive dans la crainte d'une nouvelle attaque. Les renforts qui sont entrés dans la place les 15, 16 et 17 juin n'en sont pas ressortis; en outre il y a quelques jours deux mille hommes ont traversé la rade pour se rendre en ville, de sorte qu'actuellement la garnison est de cinquante mille hommes au lieu de vingt ou vingt-cinq mille qu'elle était auparavant.

Le travail est poussé de part et d'autre avec la plus grande activité; nous sommes sur le point de terminer une nouvelle parallèle qui passe en avant des bienheureuses carrières où la 5e division a trouvé des abris en revenant de l'attaque du retranchement et auxquelles elle doit de n'avoir pas éprouvé de plus grandes pertes.

Cette parallèle, comme l'indique le croquis que je joins à ma lettre, tourne autour du Mamelon-Vert en se prolongeant à droite et fait ainsi face à la Tour Malakoff et au petit redan. Lorsqu'elle sera terminée, on débouchera en sape double sur la Tour Malakoff et sur le petit redan.

Du côté du Carénage on construit une batterie au-dessous de l'ancien ouvrage russe dit du « Deux-Mai ». Cette batterie empêchera les bâtiments à vapeur russes de venir s'embosser vis-à-vis la baie du Carénage et d'y envoyer leurs feux. Il est bien regrettable que cette batterie n'ait pas déjà été construite lors de l'attaque de la Tour Malakoff, car la division Mayran n'aurait pas éprouvé les pertes qu'elle a faites, pertes causées principalement par la mitraille de ces bateaux à vapeur qui s'étaient embossés, n'ayant pas de feux à craindre, à la meilleure distance du tir.

Depuis quelque temps les Anglais ne font plus rien; on dit que c'est d'après un ordre supérieur. Ils n'ont même pas retourné la parallèle russe qui se trouve en avant du Grand Redan et qui est tombée par la prise du Mamelon-Vert, attendu que de ce point elle est enfilée et battue à revers. Ils se bornent à y envoyer des tirailleurs tous les soirs.

On assure qu'ils ont renoncé à l'attaque du Grand Redan. et ce serait pour cette raison qu'ils ne travaillent plus. On se demande alors ce qu'ils attaqueront. En attendant, ils sont installés dans de bonnes baraques, font de la musique et l'exercice toute la journée; les officiers sont toujours à cheval à se promener. En un mot, ils en prennent à leur aise.

A gauche, les travaux sont poussés aussi loin que possible; on est à quarante mètres des bastions du Mât du Centre et de la Quarantaine.

Le mur crénelé, qui, dans le principe, était presque la seule fortification existante, est à peu près démoli; mais en arrière sont les retranchements en terre. Il est probable que si l'on y donnait l'assaut, on s'en emparerait, mais on y perdrait beaucoup de monde, et l'on aurait encore devant soi de nouveaux retranchements, car dans cette partie de la ville il y a beaucoup de terrains vagues que les Russes ont convertis en lignes de défenses successives. En outre, les rues sont barricadées et les maisons appropriées à recevoir du canon, de sorte que ce serait une répétition du siège de Saragosse, mais sur de bien plus grandes dimensions.

On serait forcé de multiplier les attaques pied à pied, qui d'abord seraient très meurtrières et ensuite demanderaient un temps infini.

Voilà sans doute pourquoi les travaux de gauche ne dépasseront pas les limites actuelles. De ce côté on garde seulement les tranchées, et tous les efforts sont concentrés sur la Tour Malakoff et le Petit Redan, car *c'est là que se trouve Sébastopol.*

Si nous parvenons à nous emparer du Petit-Redan, nous faisons tomber du même coup la batterie de la Pointe, qui est tournée et dont les communications avec la ville peuvent être facilement interceptées. Dès ce moment, notre artillerie étend ses feux sur toute la rade ; elle est à même de couler la flotte, événement considérable qui priverait la garnison de ses communications avec la côte nord et équivaudrait à l'investissement complet de la ville. On pourrait même alors se dispenser d'attaquer la Tour Malakoff et attendre que le manque de vivres forçât les Russes à se rendre.

Il est à peu près certain que ce sont là les projets arrêtés, et, on peut le dire maintenant sans indiscrétion, puisque dans quelques jours on débouchera en sape double, et alors il n'y aura plus aucun doute sur les points d'attaque.

On commencera ainsi à rentrer dans les principes de l'attaque des places, principes que l'on n'avait pu suivre jusqu'à présent.

Mais là aussi, à l'ouverture des sapes doubles, commenceront les véritables difficultés, car, dans le siège d'une place ordinaire qui toujours est investie, on n'avance qu'à mesure que le feu de l'assiégeant éteint le feu de l'assiégé, et lorsqu'on arrive à la descente de fossé, et surtout à l'assaut, l'artillerie de la place doit à peu près être réduite au silence.

Ici, les choses se passent tout autrement. Les Russes ont à leur disposition, non seulement le matériel que comporte une grande place de guerre, mais encore celui, bien plus important, de toute leur flotte. Aussi, d'après ce que nous disait un de leurs officiers du génie, fait prisonnier à l'attaque du Mamelon, toutes les fois qu'ils arment une batterie, ils installent à côté de chaque pièce une autre pièce, sur affût, prête à remplacer celle qui occupe la plate-forme, dans le cas où elle serait mise hors de service.

Étant données de semblables ressources et surtout la promptitude avec laquelle ils remuent la terre, ce qui est une de leurs plus grandes qualités, il n'est pas difficile de prévoir que les Russes nous opposeront une très vive résistance et qu'ils feront tous leurs efforts pour avoir, sur nos têtes de sape, le plus de feux possible.

Par la disposition du terrain, heureuse pour nous, la sape double que l'on doit ouvrir sur la Tour Malakoff est à l'abri des feux du retranchement qui l'entoure. Le relief de ce retranchement laisse en angle mort un espace considérable. Cette attaque n'aura à supporter que le feu du Petit-Redan, trop éloigné pour être bien à craindre, et dont l'action de flanc ne saurait empêcher la continuation des travaux, comme le fait parfois un feu de front.

Quant à la tête de sape, dirigée sur le Petit-Redan, elle sera, au contraire, exposée aux feux de flanc de la Tour Malakoff et, de face, du Petit-Redan, sans compter le feu des autres batteries, dont probablement les Russes nous ménagent la surprise.

Vous le voyez, les difficultés sont grandes ; mais le courage et le dévouement de nos soldats sont sans bornes, et il faut espérer que le succès couronnera nos efforts.

Je vous embrasse de tout mon cœur, et vous charge de mes affectueux souvenirs auprès de tous nos amis.

Tout à vous.

H. Loizillon.

XXXII

Devant Sébastopol, le 14 juillet 1855.

Mes chers parents,

Comme vous pouvez le pressentir d'après ma dernière lettre, nos travaux ont continué avec la plus grande activité. La parallèle qui entoure les carrières est terminée et, cette nuit même, on doit commencer à déboucher en sape double pour monter sur le Petit Redan et la Tour Malakoff.

Nous en sommes, il est vrai, encore à deux cent cinquante mètres et nous savons maintenant combien il en coûte de parcourir les moindres distances quand on est exposé à la mitraille et au feu d'un retranchement bien garni de défenseurs ; aussi, est-il probable que l'on établira une nouvelle parallèle, de façon à resserrer les assiégés le plus étroitement possible et à abriter des troupes en quantité suffisante soit pour la défense en cas de sortie des Russes, soit pour le moment où l'on donnera l'assaut.

Nous construisons en même temps force batteries ;

ainsi, au lieu d'une seule, comme cela avait été décidé en principe, il y en aura trois au-dessous de l'ancien ouvrage russe du 2 Mai ; on en fait encore une nouvelle sur le flanc droit du Mamelon, deux autres au centre de la parallèle qui entoure le Mamelon et deux à l'extrême droite de cette parallèle, près du ravin du Carénage.

Toutes ces batteries dirigeront leurs feux sur le Petit-Redan, la batterie de la Pointe et les vaisseaux. Si l'on y joint les batteries des anciens Ouvrages Blancs, appelés actuellement Lavarande, lesquelles tirent aussi sur le Petit-Redan et la Pointe, il est à croire que, de ce côté, nous aurons autant de pièces en action que les Russes.

A mesure que nos travaux avancent, le feu des Russes devient plus vif. La nuit surtout, ils nous envoient une pluie continuelle de bombes, d'obus, de paniers de grenades, et aussi ce que les soldats appellent des grappes de raisins, ce qui n'est autre chose que de la mitraille, lancée par les mortiers, et dont les biscaïens acquièrent dans leur chute une force plus que suffisante pour tuer un homme.

Aussi, nos pertes journalières ont-elles augmenté dans une très grande proportion : la moyenne de nos tués ou blessés était de vingt à vingt-cinq ; maintenant, elle monte jusqu'à soixante et même quelquefois plus haut.

Dans la nuit du onze au douze, le colonel David, du 11e léger, huit jours après sa nomination de colonel, a été tué d'un éclat d'obus. Jeune encore, d'une très grande énergie et ayant toutes les qualités du commandement, il sera vivement regretté par l'armée et par son régiment. Ce pauvre 11e léger n'est pas heureux : le colonel Hardy a déjà succombé le 7 juin à l'attaque du Mamelon-Vert, de sorte que dans l'espace d'un mois et quelques jours, le régiment a perdu deux colonels.

Les soldats sont toujours admirables de dévouement et de courage. Pendant longtemps ils ont été de service tous les deux jours et, lorsqu'on est à la tranchée, il ne faut pas songer à dormir, car à tout instant on entend le cri — gare la bombe. — Eh bien, malgré toutes les fatigues de l'insomnie et du travail, pas une plainte ! pas un murmure ! Heureusement, depuis quelques jours déjà, la division Canrobert a quitté sa position sur la Tchernaïa, pour venir faire le service aux attaques Malakoff, de sorte que les hommes ne sont plus employés que tous les trois jours.

Les chaleurs continuent à être très fortes ; le siroco nous fait beaucoup souffrir. A la tranchée les soldats emportent leurs petites tentes ; ils attachent un des côtés à l'épaulement, soutiennent l'autre côté parallèle avec deux fusils, et se forment ainsi un abri contre les ardeurs du soleil.

Malgré cette température élevée, l'état sanitaire de l'armée est excellent. Nous n'avons presque pas de malades et, sans le choléra, on pourrait dire que nous n'en avons pas du tout ; encore le nombre des victimes est-il très faible. L'épidémie est à sa période décroissante ; elle n'existe plus, pour ainsi dire, qu'à la maison de Lord Raglan et dans les environs. La gendarmerie de la garde, qui s'y trouve campée, est le seul corps qui soit éprouvé.

Cette maison de Lord Raglan semble vraiment un lieu d'élection pour la terrible maladie ; après la mort du noble Lord, que son armée regrette modérément, le colonel Vicco, de notre état-major, avait été détaché au quartier général anglais pour servir de trait d'union avec le quartier général français ; il y a quatre jours à peine qu'il est mort du choléra.

En fait d'épidémies et sous le rapport sanitaire, les Russes ne sont pas aussi favorisés que nous : au dire de leurs déserteurs, le choléra et le typhus exercent chez eux des ravages effrayants.

Ces déserteurs ont aussi confirmé une remarque que nous avions déjà faite, c'est que, depuis la prise de Kertch, il n'arrive presque plus de convois sur la côte nord ; quelques voitures seulement, çà et là, sur la route autrefois si animée, et encore le peu qu'on en aperçoit sont chargées de gabions.

La ville, d'après les mêmes rapports, aurait des approvisionnement pour trois mois. Si donc nous parvenons d'ici à un mois, à mettre la main sur le Petit-Redan et la batterie de la Pointe, et que nous puissions ensuite couler la flotte, pour priver la garnison de ses communications avec la côte nord, nous aurons raison de la place avant l'entrée de l'hiver. Les ressources lui feront défaut avant cette époque, alors même qu'elle réussirait à vivre pendant le mois prochain sans entamer ses réserves. Il y a une sorte de certitude mathématique que Sébastopol tombera bientôt en notre pouvoir, soit que nous donnions l'assaut, soit que la famine force la garnison à se rendre.

En supposant même que la résistance se prolonge au-delà de nos prévisions, l'hiver n'aurait rien d'effrayant pour nous. Nous serions, d'une part, beaucoup mieux outillés que l'hiver dernier pour résister au froid, et, de l'autre, le service serait beaucoup moins rude, parce que, dans cette hypothèse, nous nous bornerions simplement au blocus.

Au moment où je terminais mon récit militaire, je recevais deux lettres : une de vous, du 25 juin et une de Marie, datée du 30. La vôtre, que j'ai lue la première, m'a rendu bien heureux en me montrant que vous ne vous doutiez pas encore des événements de Malakoff ; comme je vous ai écrit le 9, il y avait déjà six jours de cela, de sorte que vous n'aurez été dans l'inquiétude que pendant cinq jours.

Je sais que c'est bien long, trop long pour une anxiété telle que la vôtre, et me sentant bien portant, j'aurais donné tout au monde pour pouvoir vous rassurer.

Aussi, pendant cinq ou six jours, j'ai été inquiet de vos inquiétudes autant que vous pouviez l'être vous-mêmes de mon sort, et ce n'est que le 2 ou le 3, date à laquelle vous avez dû recevoir ma lettre, que j'ai repris mon calme habituel.

Quant à la pauvre Marie, sa lettre m'a donné la mesure des angoisses qui l'ont torturée : je regrette sincèrement sa souffrance, et pourtant, je n'aurais pas voulu qu'elle fût tranquille. Analysez cela : à quel sentiment affectueux ou égoïste répond cette contradiction ? Peut-être saurez-vous le découvrir.

Je crois maintenant que nous ne pourrons rien tenter d'ici à un mois : Tenez donc ce temps-là pour gagné et vivez tranquilles. Il faut savoir se contenter de peu dans les circonstances où nous sommes, alors qu'on n'est jamais assuré du lendemain. Dites-vous encore que si notre division commence l'attaque, elle passera vraisemblablement la main à la division Canrobert, et qu'à celle-ci reviendra le premier rôle dans l'affaire finale. Vous voyez donc que vous êtes encore des mieux partagés, en comparaison de tant de parents dont les fils figureront en première ligne.

Il me semble vous avoir donné, dans mes dernières lettres, tous les détails que vous me demandez dans celles que j'ai reçues aujourd'hui. Cependant, dans la crainte d'avoir oublié quelque chose, je vous dirai que j'ai eu un moment d'émotion poignante ; c'est le soir de notre départ pour l'attaque.

Nous avions déjà passé deux jours et deux nuits de garde, de sorte que, sur les intances du général Brunet, nous avons été relevés le matin de la nuit qui a précédé l'attaque. Nous avons fort peu dormi le jour, car il fallait à tout intant expédier des ordres. Nous avons dîné à six heures et à sept tout était fini. Alors je suis rentré dans ma tente et, comme nous étions tous convaincus que nous avions toutes les chances possibles pour ne pas réussir et que, par conséquent, ce serait très chaud, j'ai douté pour la première fois de mon étoile.

J'ai consacré une heure à vous écrire une lettre qui, heureusement, ne vous est pas parvenue, puisque je vis encore, et à donner mes instructions à Rigaut, dans le cas où je serais tué. Je me suis couché ensuite et ai dormi jusqu'à dix heures, car nous devions monter à cheval à onze heures. Je tenais à être prêt à l'avance, afin de pouvoir courir s'il y avait lieu.

En sortant de ma tente, j'ai retrouvé le général Brunet assis sur une tente qui n'avait pas été dressée, et dans la même position où il était quand j'avais été me coucher. Ce pauvre homme avait certainement le pressentiment de ce qui devait lui arriver, car lui, si égal d'humeur, si gai d'habitude, était triste et morose comme nous ne l'avions jamais vu. Pendant les trois heures qu'il a passées là, avec quelles angoisses il a dû songer à son intéressante famille !...

Lorsque nous sommes arrivés dans les tranchées, il m'a envoyé placer la brigade de soutien, et, cela terminé, je suis venu lui rendre compte, dans la parallèle la plus avancée, précisément à l'endroit où il a été tué. — Il était couché, et comme les balles commençaient à pleuvoir, il me dit : « D'abord couchez-vous, vous avez le temps de vous faire tuer. » — Mon rapport entendu, comme la fusillade débutait à notre droite, il m'expédie à la brigade de soutien pour lui dire d'avancer. Je mets cette brigade en marche et je reviens au pas de course, au moment où la mitraille commençait à tomber dru comme grêle. En approchant j'aperçois encore le général au milieu de son état-major. J'allais à lui, mais pour franchir la parallèle je suis contraint à faire un léger détour. J'arrive enfin, et c'est pour le voir tomber, traversé par une balle en pleine poitrine. Le coup lui a laissé à peine le temps de s'écrier : « Oh! mon Dieu!... »

Dans le premier moment, cette mort, à laquelle j'étais cependant bien loin de m'attendre, ne m'a pas produit d'effet; je la regardais comme une chose naturelle, et ma première parole a été pour dire aux autres officiers : Messieurs, le général Brunet est mort; c'est le général Lafont qui commande, rendons-nous auprès de lui.

Cette sorte d'insensibilité tient sans doute à ce que, l'action étant commencée, je n'ai plus pensé ni à moi ni aux autres, mais uniquement à la chose générale, et je m'étais si bien oublié, qu'en voyant tout le monde tomber autour de moi, il ne m'est pas alors venu à l'idée qu'il pouvait m'en arriver autant.

C'est dans ces circonstances que j'ai été renversé par ce biscaïen, que je ne puis maudire malgré la vive douleur que j'en ai ressentie, car en somme il m'a fort peu maltraité.

Mais en voilà assez sur cette scène de carnage; je l'appelle ainsi parce que nous avons échoué, et qu'au lieu d'avoir affaire à des hommes, nous n'avions devant nous que du fer.

Pour ce qui est de ma personne, il est inutile de vous

dire que je me porte bien; ma santé est passée en proverbe.

Le général Lafont, qui a enfin obtenu un congé de trois mois pour aller en France guérir ses blessures, part demain matin. Je lui ai fait mes adieux ce soir. Après m'avoir témoigné tous les regrets qu'il éprouve que je n'aie pas été décoré sur sa proposition, il m'a fait promettre de lui écrire si cette récompense m'arrivait avant son retour.

Après avoir reçu les compliments de condoléance des officiers de troupe de la division, j'ai aussi eu à ce sujet la visite de mes camarades d'état-major, et je vous assure que je préfère ces marques de sympathies aux décorations qui ont été données à certains officiers, et à propos desquelles on a beaucoup crié dans l'armée. Je pourrais maintenant être décoré pour le motif le plus futile, que personne, non seulement ne dirait un mot, mais encore que tous ceux qui me connaissent viendraient me féliciter.

Adieu, mes chers parents, j'espère aujourd'hui que vous ne vous plaindrez pas que je sois sobre de détails. Vous serez bien adroits si vous parvenez à lire mon griffonnage : Tàchez-y.

Je vous embrasse tendrement.

H. Loizillon.

XXXIII

Devant Sébastopol, le 18 juillet 1855.

Mes chers parents,

Malgré le feu, on peut dire continu, des Russes, nos travaux sont poussés avec vigueur et sans la moindre interruption.

Nous nous sommes beaucoup avancés entre le Mamelon-Vert et la Tour Malakoff : nous avons établi au pied du glacis Malakoff, en avant des carrières, un poste très fort qui est relié avec la parallèle des carrières par une communication faite sur la route même qui conduit de ces carrières à Sébastopol. Cette communication a exigé peu de travail parce qu'on a profité de l'encaissement de la route qui la met à l'abri des feux du Grand-Redan.

Nous avons, en outre continué la parallèle des carrières sur la gauche, jusqu'à une embuscade russe dont nous nous étions emparés il y a sept ou huit jours. De cette façon l'ennemi a été complètement renfermé dans ses retranchements, sans qu'il lui soit possible d'avoir des postes extérieurs.

Nous avons aussi prolongé la cinquième parallèle, c'est-à-dire celle qui contourne, en avant, le Mamelon-Vert; nous l'avons conduite jusqu'au ravin de Karabelnaïa où elle a été reliée avec l'ancienne parallèle russe, qui est en avant du Grand-Redan et qu'occupent maintenant nos alliés, les Anglais.

C'était là notre partie faible, car les Russes pouvaient arriver par le ravin et tourner notre gauche pour nous prendre en flanc ou à revers. C'est ce qu'ils ont tenté de faire dans la nuit du 14 au 15. — Ils sont sortis au nombre de 2.000 environ pour reprendre leurs anciennes embuscades, ou au moins les détruire; mais accueilis par le feu très vif de deux compagnies d'élite du 91e de ligne qui les occupaient, ils ont dû se retirer, laissant une dizaine de morts, parmi lesquels un officier.

A droite du Mamelon, dans la partie de nos attaques qui regarde le Petit-Redan et la batterie de la Pointe, on construit quatre batteries qui sont déjà très avancées.

On dit dans les camps que la détermination d'une nouvelle attaque sur la Tour Malakoff et le Petit-Redan est subordonnée à l'effet produit par ces batteries et par celles que l'on fait à la pointe du Carénage.

Ce qu'il y a de certain, c'est que le général en chef est impénétrable, et que rien ne transpire des conférences tenues tous les samedis entre les commandants des forces de terre et de mer.

L'autorité supérieure commence déjà à prendre des mesures qui pourraient faire croire que nous sommes encore exposés à passer l'hiver en Crimée. Nous espérons que ce sont simplement des mesures de précaution, et qu'il nous reste assez de beaux jours pour nous permettre d'avoir avant l'hiver la solution du siège de Sébastopol. Du reste, pourvus comme nous le sommes maintenant, nous n'aurions plus à craindre les rigueurs du froid ; en outre, depuis que nous nous sommes avancés sur la Tchernaïa, nous avons à notre disposition des forêts qui fourniraient du bois à toute l'armée, de sorte que notre situation ne serait pas comparable à celle de l'hiver dernier où les hommes, vous vous en souvenez, trouvaient à peine des souches de vigne en quantité suffisante pour faire la soupe.

Quant aux Russes, leur position sera moins agréable. Depuis que la route de Kertch leur a été interdite, ils sont obligés de tout faire venir par Pérékop. Il y a une dizaine de jours, dit-on, un énorme convoi, escorté par 3.000 cavaliers, a passé en vue d'Eupatoria ; on reproche aux Turcs de n'avoir pas tenté de l'enlever.

En ce moment déjà les Russes ont de très grandes difficultés : il leur faut fournir trois jours de marche à travers des steppes complètement privées d'eau et de toute espèce de vivres ; mais cette ressource même, si précaire, leur manquera quand les pluies et les neiges auront défoncé l'unique route dont ils disposent.

D'après les dires des déserteurs et des prisonniers, l'intendant de l'armée russe en Crimée aurait déclaré qu'il ne pourrait nourrir l'armée pendant l'hiver. Ce bruit prend beaucoup de consistance.

Dans notre marine, on parle d'une nouvelle expédition qui aurait pour but d'aller brûler Odessa, et de jeter des troupes de débarquement entre Eupatoria et Pérékop, en vue d'arrêter les convois russes ; je vous dis ces bruits sans vous garantir leur plus ou moins de fondement.

Au moment où je terminais ma lettre une fusillade très nourrie s'est fait entendre aux attaques Malakoff. La 5e division a pris immédiatement les armes pour soutenir si besoin était, la division Canrobert qui était de garde de tranchée. Lorsque nous sommes arrivés, tout était fini.

Les Russes avaient encore tenté une sortie sur nos cheminements qui vont à la Tour Malakoff et au Petit-Redan : notre feu les a arrêtés court, et les a forcés à rentrer en désordre dans leurs retranchements. Ils ont dû perdre beaucoup de monde.

Notre nouveau général, M. de la Motterouge est très bien ; c'est un homme aux relations agréables et faciles. Il a une très grande réputation de bravoure et d'énergie.

Nous allons tous très bien, malgré les influences cholériques et les petits dérangements que nous avons subis.

La blessure de Conegliano se ferme maintenant avec beaucoup de rapidité et dans quelques jours sa guérison sera complète.

Enfin, j'ai écrit à Mme de C... pour la remercier de son envoi qui est déjà bu en grande partie : il ne reste plus que les alcools, et il est probable qu'ils dureront longtemps, car nous en buvons peu. Du reste ne vous inquiétez pas de notre manière de vivre ; notre pension est meilleure que toutes celles que j'ai eues en France ; elle n'a que le grave inconvénient de nous revenir à 100 francs par mois, et je ne puis faire un sou d'économie. C'est pourquoi je prie Marie de disposer de tous mes petits fonds pour payer mon passementier Paul Stoppin au Palais-Royal : c'est un très brave homme envers lequel je regrette de ne m'acquitter que peu à peu.

Mais, j'avais compté sans toutes les surprises que nous avons ici.

Adieu, merci et tout à vous.

H. L.

XXXIV

Devant Sébastopol, le 28 juillet 1855.

Mes chers parents,

Les attaques de la Tour Malakoff continuent à absorber l'attention et à être l'espoir de l'armée d'Orient, parce que chacun est maintenant bien convaincu que du moment où l'on a renoncé à tenir la campagne en Crimée, c'est, seulement par là, que nous pouvons entrer dans Sébastopol.

Depuis l'attaque du 18 juin, il ne s'est présenté aucun fait saillant, nous sommes dans le calme qui précède les coups décisifs. De part et d'autre, on travaille avec acharnement. Nos travaux ont été poussés très loin.

Après l'achèvement de la 5ᵉ parallèle qui entoure les carrières, en avant du Mamelon-Vert, et qui descend jusqu'au ravin de Karabelnaïa pour empêcher les Russes de nous tourner par notre gauche, on a ouvert, en avant, deux boyaux dirigés, l'un vers la Tour Malakoff, et l'autre vers le Petit-Redan. On s'est alors étendu, de l'extrémité de ces boyaux, à droite et à gauche pour faire des T (ainsi appelés parce qu'ils représentent la forme de la lettre) qui en se réunissant forment la 6ᵉ parallèle.

Tout en travaillant à cette 6ᵉ parallèle, on a construit, en avant, des embuscades qui sont solidement reliées à ces T. Les Russes nous avaient préparé la besogne à notre gauche; on n'a eu qu'à s'emparer de deux de leurs embuscades et il est resté fort peu de travail à faire pour s'y bien établir.

Nous sommes maintenant à quatre-vingts mètres du fossé de la Tour Malakoff, et à cent vingt mètres du Petit-Redan.

Les Russes se voient relégués dans leurs retranchements, sans conserver un seul poste extérieur. Ils s'y résignent difficilement; aussi dans la nuit du 14 au 15 ils ont voulu reprendre leurs embuscades et tenté, avec deux mille hommes, une sortie par notre gauche qui n'avait pas encore toute sa solidité actuelle. Mais le feu des hommes qui gardaient ces embuscades a eu raison de leur effort; ils se sont retirés en laissant une vingtaine de cadavres sur le carreau.

Une autre sortie qu'ils ont faite dans la nuit du 17 au 18 n'a pas eu plus de succès.

Du reste ils sont continuellement sur leurs gardes pour éviter toute surprise. — Ainsi le 20 au soir, ils ont aperçu nos troupes de réserve, qui, à la chute du jour, allaient prendre leurs positions de nuit : ils ont cru alors à une nouvelle attaque, et vers onze heures, trompés probablement par un bruit quelconque, ils sont montés sur leurs parapets d'où, pendant une demi-heure, ils ont fait un feu de mousqueterie des plus vifs; feu qui, d'ailleurs, ne nous a causé aucun dommage, nos troupes étant à l'abri dans les tranchées.

Aussitôt que cette fusillade a commencé notre artillerie a ouvert son feu. Elle doit avoir tué beaucoup de monde à l'ennemi, si nous en jugeons par les résultats obtenus dans la nuit du 17 au 18 juin, lors de l'attaque Malakoff. Le rapport de Gortschakof avoue, à cette date, trois mille hommes hors de combat, et, comme ils étaient à couvert nous n'eussions jamais soupçonné un chiffre aussi élevé.

La rapidité avec laquelle on a poussé nos travaux depuis la prise du Mamelon-Vert, et surtout depuis le 18 juin, n'avait d'autre but que d'occuper le terrain pour ne pas recommencer cette guerre d'embuscades, qui nous a coûté si cher aux tranchées Victoria. Cette rapidité n'a été possible qu'au détriment de la solidité des tranchées dont les parapets fort minces étaient traversés par les boulets.

Maintenant que nous sommes maîtres du terrain, nous avons pu perfectionner notre ouvrage. Depuis huit jours nous avons travaillé seulement à creuser les tranchées et à épaissir les parapets, de sorte que les hommes de garde y sont tout à fait à l'abri. Il y paraît aux pertes; leur chiffre journalier a déjà diminué d'une façon sensible : au lieu d'avoir quatre-vingt-dix et même cent hommes hors de combat chaque jour, nous n'en avons plus que cinquante-cinq à soixante, parmi lesquels beaucoup sont contusionnés par des éclats de pierre et ne vont même pas à l'ambulance.

En même temps que nous gagnons le terrain pied à pied au moyen des tranchées, nous construisons aussi un grand nombre de batteries : plusieurs sont déjà terminées, et les autres très avancées. — Lorsqu'elles seront toutes achevées, nous en aurons dix-neuf ou vingt, toutes armées de canons et de mortiers de très fort calibre.

Les Russes qui voient nos travaux cherchent à les arrêter par un feu continu. Notre artillerie y répond avec vivacité, et, la nuit surtout, les détonations se succèdent sans interruption, aussi à chaque instant on aperçoit jusqu'à dix et douze bombes en l'air à la fois, sans compter les obus. Ce serait un très beau spectacle dans un polygone, mais ici il perd beaucoup de son prix en ce sens qu'on n'est occupé que de la bombe qui se dirige vers vous, et que les autres passent inaperçues.

Les Russes, selon leur habitude, travaillent beaucoup. Ils font une énorme batterie entre la Pointe et le Petit-Redan, et il est à présumer qu'entre ces deux points ce ne sera bientôt plus qu'une ligne de canons.

La nuit dernière, comme ils travaillaient à découvert, notre artillerie a tiré sur eux, et de nos embuscades avancées, on les a vus, par le beau clair de lune que nous avons en ce moment, cesser leur travail et emporter un nombre assez considérable de tués et de blessés.

Dans la prévision que nous parviendrons à nous emparer du Petit-Redan et de la batterie de la Pointe, ils construisent déjà en arrière une seconde ligne de défense, parallèle à la première et qui, comme elle, sera armée de canons de gros calibre.

Vienne l'ouverture du feu et l'on assistera à un terrible spectacle. Quel sera l'effet de toute cette artillerie sur un terrain de moins de un kilomètre de front, qui sera sillonné par les projectiles de trois cent cinquante à quatre cents pièces de toute nature !

Ce sera alors le moment décisif, et il faut espérer que nos batteries, sur lesquelles on compte beaucoup, répondront à notre confiance et à notre attente.

Nous ne nous faisons cependant pas illusion sur les difficultés que nous allons rencontrer, et nous nous attendons de la part des Russes à une résistance d'autant plus grande que si nous avons le dessus ils sont tous pris, et forcés de se rendre.

L'Empereur de Russie, de son côté, ne négligera rien

pour conserver son Sébastopol auquel il tient tant.

Il fait compter chaque mois de siège pour une campagne double aux troupes qui sont dans la place ; de sorte que les officiers qui y auront passé un an auront vingt-quatre campagnes. Ceci donne la mesure de l'importance que l'Empereur attache à Sébastopol, importance qui, je crois, tient autant à l'effet moral qu'à la possession de la place.

En attendant le nouvel assaut, nous menons une vie tranquille. Le service est supportable maintenant. Depuis cinq ou six jours quelques petites pluies ont rafraîchi le temps, et nous sommes débarrassés des chaleurs excessives qui nous accablaient. Nous n'avons toujours que fort peu de malades. Le choléra quoique très faible n'a pas encore disparu : le colonel Galetz du 4e hussards en est mort il y a trois jours.

Tout à vous, je vous embrasse.

H. L.

XXXV

Devant Sébastopol, le 31 juillet 1855.

Mes chers parents,

Depuis ma dernière lettre, je n'ai rien à vous signaler pour ce qui regarde les travaux du siège. Nous continuons à consolider nos parallèles et à élever nos batteries : elles avancent et seront bientôt toutes armées.

La flotte russe présente encore un effectif considérable : elle se compose de deux trois-ponts, de trois deux-ponts, de sept frégates, de six bateaux à vapeur, et de plusieurs petits bâtiments.

Depuis que nous sommes maîtres des Ouvrages Blancs et du Mamelon-Vert, elle a dû se retirer à distance : les bâtiments de haut-bord sont en bataille tout contre l'estacade qui va du fort St-Nicolas au fort Ste-Catherine. Les autres sont en avant. Les bâtiments à vapeur sont près de la côte et font feu toutes les nuits sur nos attaques. Nos batteries une fois terminées, ils seront obligés de se retirer.

Les cinq bâtiments de haut-bord servent d'ambulance : tous les matins on voit des chaloupes apporter les blessés de la nuit. — C'est sur ces bâtiments que la plus grande partie de nos prisonniers blessés ont été transportés et soignés ; leurs lettres depuis longtemps nous ont appris qu'ils sont traités avec beaucoup d'égards, et aujourd'hui nous avons reçu les détails les plus circonstanciés, par nos prisonniers qui ont été échangés à Odessa et qui nous sont arrivés ce matin.

Parmi ces prisonniers, il y en a qui datent de la nuit du 22 au 23 mars, lorsque les Russes ont fait contre nos tranchées Victoria cette sortie qui leur a coûté si cher, et les autres plus récents, ont été pris dans les fossés de la Tour Malakoff, lors de la conquête du Mamelon-Vert. Tous s'accordent dans leurs récits.

Comme c'est l'habitude dans toute armée, les prisonniers ont été interrogés à plusieurs reprises, afin de donner des renseignements sur les armées alliées. Ils ont ainsi passé une journée dans Sébastopol à courir d'un général chez un autre.

Les prisonniers du 22 au 23 mars disent qu'à cette époque il y avait encore beaucoup de monde dans la place, tandis que ceux du 7 juin ont vu tous les habitants en sortir pour s'établir sur la côte Nord, dans des tentes et des baraques où, avec le secours de l'autorité militaire, ils ont installé un marché qui ressemble beaucoup à notre Kamiesch.

Après l'interrogatoire, les prisonniers sont conduits au fort du Nord où ils restent quelques jours seulement. Ensuite on les met en marche par détachements de cent hommes, en les dirigeant sur Pérékop par la route qui passe à Bakhtchi-Seraï et Simféropol. Cette dernière ville, contrairement à tout ce qui en a été dit, n'est pas forti-fiée ; il n'y a que quelques ouvrages en terre de peu d'importance.

Pérékop, loin d'être une place de guerre, ne se compose que de quelques maisons : ce n'est pas même aussi important qu'un beau village français.

Un fort en pierre couvre le passage à l'ouest de Pérékop, et la Crémaillère qui coupe l'isthme est au nord : cette dernière fortification est en terre, et comme elle est déjà ancienne, les terres se sont éboulées, de sorte qu'elle peut être franchie partout.

La désolation et la misère la plus profonde règnent dans toute la Crimée ; les habitants ne peuvent plus se nourrir, car l'armée a déjà de la peine à vivre.

Toutes les villes, les villages, les *Kouthor* mêmes (fermes), sont convertis en hôpitaux.

Tous les hommes valides ont été enlevés, il ne reste plus que les vieillards, les femmes et les enfants.

De Sébastopol à Pérékop nos prisonniers ont été nourris comme les soldats russes, c'est-à-dire avec du pain noir dont les chiens ne voudraient pas, et de la soupe au millet ; quelquefois une distribution de viande. La soupe au millet que nos soldats n'ont jamais pu manger est la nourriture habituelle des Russes, cela nous explique le grand nombre de sacs de millet que nous avons trouvés dans les camps de la Tchernaïa, et dont nous cherchions vainement l'emploi.

De Pérékop les prisonniers les plus anciens ont été dirigés sur Karkow, et les autres directement sur Odessa. Les régions qu'ils ont traversées présentent l'aspect le plus misérable ; ce ne sont que steppes sans culture, sans eau ; on y rencontre seulement quelques troupeaux de bœufs et de chevaux.

On ne voit de traces d'agriculture que près des rivières.

Tous les hommes sont à l'armée, et comme le gouvernement s'occupe fort peu d'envoyer des extraits mortuaires aux familles, les femmes demandent continuellement, même à nos soldats, des nouvelles de leur mari. Elles ont été très hospitalières pour nos prisonniers qui n'ont eu qu'à se louer de leurs procédés.

Du reste à partir de Pérékop, ils ont vécu comme de grands seigneurs : on leur donnait un franc par jour, ce qui dépassait leurs besoins, car pour trois sous ils achetaient une douzaine d'œufs, et pour huit une poule.

Les soldats russes qui les escortaient n'avaient que quatre sous par jour pour se nourrir! Il est vrai qu'ils se font peu scrupule de prendre ce qu'ils ne peuvent acheter.

Nos soldats les ont invités à manger avec eux, et cette politesse a bientôt établi la confiance de part et d'autre; au bout de quelques jours les Alsaciens comprenaient les Russes, de sorte que la conversation ne tarissait plus.

Les Russes étaient très curieux d'apprendre les détails de notre organisation; comment nos soldats étaient traités, etc., etc.

Tout ce qu'ils entendaient leur paraissait fabuleux; ils ne voulaient pas croire que, chez nous, les officiers n'ont pas le droit de *battre*, et que nos soldats vont au feu de leur propre mouvement sans y être poussés par les exhortations des aumôniers et les coups de bâton. Toujours ils terminaient en disant : Ah que nous voudrions être Français!

Partout nos prisonniers ont reçu de nombreux témoignages de sympathie; les nobles, dans beaucoup d'endroits, les faisaient venir chez eux pour les héberger.

Les Anglais, au contraire, sont détestés et maltraités par leur escorte.

Nos déserteurs, et le nombre en est petit heureusement, étaient regardés avec mépris par les officiers, qui les menaient rudement.

A Karkow, lorsqu'on a donné l'ordre aux prisonniers de partir pour Odessa afin d'y être échangés, les déserteurs ont réclamé leur liberté : pour toute réponse, on les a menacés du bâton. Il est probable qu'ils doivent être maintenant conduits comme des Russes pur sang.

Lorsqu'ils ont vu partir leurs camarades, leurs regrets et leur désespoir n'ont plus connu de bornes; plusieurs ont tenté de se donner la mort. « Dites bien aux cama- « rades, là-bas! criaient-ils, de ne pas déserter. On est « trop malheureux ici. »

A Odessa, nos prisonniers ont été accueillis avec le plus grand enthousiasme par les Français qui habitent cette ville.

L'autorité russe s'est prêtée avec empressement à tout ce qui lui a été demandé pour adoucir leur sort. On les a conduits aux bains chauds, aux promenades, le tout aux frais de la colonie française qui s'est aussi chargée du soin de les faire bien vivre.

En somme nos prisonniers sont enchantés du voyage qu'ils ont fait, et de la manière dont ils ont été traités.

Le soldat russe, abstraction faite des officiers qui sont admirables, leur a laissé une médiocre impression.

Les milices sont mal armées, disent-ils, composées de jeunes gens incapables de résister aux moindres fatigues.

Les troupes régulières qu'ils ont vues soit en Crimée, soit en Russie sont aussi formées en majorité d'hommes de dix-huit ans, et ce n'est qu'à Sébastopol que l'on rencontre encore de vieux soldats dont le nombre va en diminuant tous les jours.

Tous ces renseignements portent le cachet de l'exactitude. Ils sont donnés par des hommes qui n'ont pas suivi la même route, n'ont pas été pris aux mêmes époques et qui cependant s'accordent dans leurs récits.

On peut en conclure que nous avons fait éprouver des pertes énormes aux Russes, et que, le choléra et les maladies aidant, le chiffre jusqu'à présent incroyable de trois cent mille hommes disparus dans les rangs depuis le commencement de la guerre peut être vrai.

Je n'ai plus que le temps de fermer ma lettre, car ce matin je me suis amusé à écouter l'interrogatoire des prisonniers, et ensuite à vous le raconter. Comme j'ai écrit très précipitamment, vous trouverez sans doute mon compte rendu peu coordonné, mais j'espère qu'il vous intéressera quand même. C'est une bonne aubaine pour moi d'avoir eu tous ces détails à vous donner, car maintenant nous sommes à court d'incidents. On ne travaille plus qu'aux batteries et à l'épaississement des parapets ; il nous est impossible de marcher en avant, car à peine un gabion est-il posé qu'il est renversé par un boulet.

Souhaitez-nous la patience nécessaire devant cette lenteur.

Je vous embrasse bien tendrement,

H. LOIZILLON.

XXXVI

Devant Sébastopol, le 4 août 1855.

Mes chers parents.

Je comprends à merveille que vous désiriez être tenus au courant de tout ce que nous faisons : malheureusement j'ai aujourd'hui peu de choses à vous dire. Nos travaux d'attaque sur Malakoff n'avancent plus qu'avec une lenteur désespérante, les boulets renversant, à mesure, tout ce que nous édifions.

Cependant nous ne nous décourageons pas, et nous espérons toujours gagner les fossés du retranchement.

Nos batteries vont toutes être terminées; plus de la moitié déjà sont armées et font feu. Aussi depuis quelques nuits, on tire de part et d'autre avec beaucoup plus de vivacité que précédemment. Néanmoins, nos tranchées nous protègent si bien maintenant que nos pertes journalières n'ont pas augmenté.

Comme vous le savez sans doute, le général Canrobert rentre en France par ordre de l'Empereur; il part aujourd'hui. On donne ici comme chose certaine qu'il va être nommé ministre.

Il part regretté de toute l'armée, et surtout de sa division; personne n'oubliera jamais que c'est grâce à sa vigilance, à ses soins, que l'armée a pu vivre et rester intacte au milieu des rigueurs de l'hiver dernier. Ce fait seul suffirait pour illustrer un général.

Les derniers jours qui viennent de s'écouler ont été marqués par des événements très pénibles. A la suite d'une pluie torrentielle qui est tombée sans discontinuité pendant trois jours et trois nuits, il y a eu retour du choléra. Le général Perrin de Jonquières a été brusquement enlevé, ainsi que l'aide de camp du général Espinasse, le capitaine Brethous. Il a ressenti les premières atteintes du choléra, à la tranchée, à quatre heures du matin, et à huit heures et demie il est mort étouffé. Le choléra par asphyxie, quoique très rare, disent les médecins, se présente quelquefois ici.

La mort de ce pauvre Brethous, mon camarade de promotion et mon ami intime, me cause un profond chagrin. Je n'ose penser à sa malheureuse mère : que va-t-elle devenir sans ce fils qui était son unique affection en ce monde, son appui et son espoir?

Je termine sur ces mauvaises nouvelles et vous embrasse bien tristement aujourd'hui.

Tout à vous.

H. LOIZILLON.

XXXVII

Devant Sébastopol, le 11 août 1855.

Mes chers parents,

Malgré le vif désir que j'en aurais, je ne puis encore rien vous dire d'intéressant.

L'armée est toujours dans la même position. Trois divisions d'infanterie sont sur la Tchernaïa, et toute notre cavalerie est à deux lieues de la rive droite de cette rivière, dans une région où elle a fait du fourrage pour nourrir plus de vingt mille chevaux pendant quarante jours.

Au siège de gauche, les travaux ont complètement cessé, et de ce côté tout se borne à un échange de coups de canon.

La Tour Malakoff continue à être regardée comme le nœud gordien, et je crois qu'Alexandre lui-même aurait de la peine à trancher ce nœud d'une nouvelle espèce.

Depuis plus de huit jours, malgré tous nos efforts, on n'a pu avancer la sixième parallèle d'une manière sensible.—Les Russes, que nos progrès inquiètent beaucoup, tirent toute la journée sur les amorces de droite et de gauche de cette sixième parallèle, et y font des brèches que l'on a bien de la peine à réparer pendant la nuit.

Nos batteries, à l'exception de six, sont terminées et armées, cependant elles ne tirent pas encore toutes.

Les Russes, qui ont aussi construit de nouvelles batteries, font un feu qui devient de plus en plus vif, et qui augmente nos pertes journalières. Mais dans ce duel, la supériorité nous demeure acquise de façon incontestable, et le dégât que notre artillerie cause dans les ouvrages russes est bien plus grand que celui qu'éprouvent nos batteries.

Le Petit-Redan est complètement bouleversé; ses embrasures presque toutes détruites, et il est impossible aux Russes de les réparer parce qu'ils sont sous le feu des tirailleurs : ceci peut donner la mesure de l'effet produit par notre artillerie quand toutes les batteries ouvriront le feu.

On ne se tient pas, néanmoins, pour satisfait de cette supériorité, et il paraît qu'on attend prochainement deux cents gros mortiers à semelle qui, répartis dans les tranchées, concentreraient leur tir sur Malakoff.

Les Anglais, de leur côté, vont aussi en recevoir une cargaison, de sorte que nous serons à même d'envoyer une telle quantité de bombes dans Malakoff qu'on ne pourra plus y tenir. Aujourd'hui déjà, notre feu est très meurtrier, et les pertes des Russes sont plus élevées que les nôtres. Ceux d'entre eux qui tombent dans nos mains ne nous en font pas mystère.

Il y a trois jours environ, un sergent du génie russe et six marins employés au débarcadère qui est au-dessous de Malakoff, ont déserté et se sont réfugiés dans notre camp. On les expédiait en barque vers la côte nord; mais au milieu du mouvement du port, ils ont pu venir débarquer au Carénage, criant à nos soldats de ne pas tirer, qu'ils se rendaient. — Le sergent du génie a donné des renseignements précieux, qui sont exacts, car ils s'accordent avec ceux que l'on avait déjà. Il a confirmé la nouvelle de la mort de Totleben, dont le bruit courait dans nos camps depuis quelques jours.

Totleben avait été blessé très légèrement; mais, la gangrène s'étant mise dans sa blessure, il a été enlevé soudainement. La perte de ce général qui avait, en peu de temps, si habilement fortifié Sébastopol, est un rude coup pour les Russes, car il était l'âme de la défense (1).

Le sujet *Crimée* étant épuisé, revenons à nos propres affaires que nous avons beaucoup négligées depuis quelque temps, il me semble.

Pour commencer par ordre, je vous dirai d'abord que j'ai été très surpris que vous ayez cru voir dans mes lettres l'expression d'un vif regret de ne pas avoir été décoré. Certainement j'aurais été heureux de recevoir cette distinction, mais c'était surtout à cause du plaisir qu'elle vous aurait fait.

Je m'explique d'autant moins vos réflexions que je n'ai jamais eu un instant d'espoir, je vous l'ai dit, et par conséquent je ne pouvais avoir de déception. Loin de me chagriner mal à propos, je dois songer que ma double proposition m'amène définitivement en ligne, et qu'il faudra bien qu'un jour ou l'autre j'arrive à la croix.

Je vous en prie, écartez tout souci sur ce point, et

---

(1) Nouvelle apocryphe comme il en circule au cours d'un long siège : Nous n'en avons conservé la trace que par scrupule de rien altérer dans ces lettres. — Dans la réalité Totleben avait été blessé grièvement le 20 juin, une balle lui avait labouré la jambe droite, mais de son lit il continuait à commander.   *(Note de l'Éditeur.)*

laissez-vous aller tout entiers à la joie du succès si honorable de Marie. Sa nomination a été pour moi un grand bonheur que je goûte pleinement; j'y pense sans cesse et n'ai qu'un regret, celui de ne pas me réjouir avec vous.

Je vous demande aussi, mes bons parents, de ne pas tant vous occuper de moi. Rappelez-vous avec quelle confiance je vous ai quittés. Cette confiance, je l'ai toujours, et il me semble que jusqu'à présent vous n'avez pas le droit de la suspecter.

J'ai été bien heureux d'apprendre que nos bons amis D. passent leur congé auprès de vous; il faudra, à mon retour, renouveler cette belle réunion qui fera époque dans les fastes de Bitche.

En attendant, amusez-vous le plus possible, chassez mon souvenir s'il doit troubler vos effusions ou, si vous lui faites place, si au milieu de vos festins vous buvez à ma santé, que ce soit avec du bon vin.

Et surtout n'allez pas me plaindre, ce serait de la commisération mal placée, car ici, nous vivons dans un bien-être ridicule. Il nous en coûte cher, par exemple : 133 francs de pension le mois dernier. Il est vrai que notre popotier, le capitaine de gendarmerie, ne s'y entendait pas; on lui faisait payer un chou 3 francs, et ainsi du reste; il était volé par tous les mercantis. Il vient de rentrer en France pour cause de maladie. C'est Conegliano qui prend les rênes de la popote, et nous espérons qu'avec lui nos dépenses diminueront un peu.

Je vous embrasse tous, mes chers parents et amis, et recommande à ma sœur de remercier Mme Cornu de tous les témoignages d'estime et de sympathie qu'elle nous donne.

H. LOIZILLON.

XXXVIII

Camp d'Inkermann, le 21 août 1855.

Mes chers parents,

Comme compensation aux lettres dépourvues d'intérêt que je vous écris depuis si longtemps, je vous envoie une relation de la bataille de Traktir : j'espère qu'elle vous intéressera, et pour vous la faire mieux comprendre, je joins à ma lettre un croquis. Bien qu'il soit à une petite échelle, et grossièrement exécuté, il me paraît néanmoins suffisamment détaillé pour vous mettre à même de suivre tous les mouvements.

Je dois tout d'abord vous expliquer les raisons qui nous ont engagés à occuper les lignes de la Tchernaïa, et celles qui ont provoqué la tentative des Russes en vue de reprendre ces lignes. Cette explication m'oblige à remonter au commencement du siège.

Après la bataille de l'Alma, comme vous le savez, les armées alliées longèrent la mer jusqu'à la rivière Belbek; puis, prenant au sud-est, et contournant Sébastopol par une marche de flanc, elles vinrent joindre la route de la ferme Mackensie qui les fit descendre dans la vallée de la Tchernaïa. De là, elles entamèrent le siège de la partie sud de Sébastopol. L'armée française, à gauche, s'appuyait à Kamiesh, et l'armée anglaise, à droite, gardait la ligne de communication avec Balaklava en occupant la crête (1) nord-est du plateau de Chersonèse et les hauteurs moins élevées qui vont finir à la baie de Balaklava.

Pour conserver Balaklava, les Anglais avaient fait construire par les Turcs les trois redoutes O_1, O_2, O_3 (1), et leur en avaient confié la garde.

Dans la journée du 29 octobre, les Russes s'emparèrent de ces redoutes. Mais ils ne purent cependant pousser jusqu'à Balaklava, parce que, entre ces ouvrages et la ville, les Anglais occupaient en nombre plusieurs petits mamelons susceptibles d'une très grande résistance. L'artillerie anglaise força même les Russes à abandonner les deux premières redoutes, en conservant seulement, comme poste avancé, la troisième, située plus en arrière.

Le 5 novembre, les Russes ont voulu attaquer les Anglais par leur flanc droit, en gravissant les hauteurs de gauche de la Tchernaïa, vis-à-vis les ruines d'Inkermann.

Les Anglais, quoique surpris, ont vigoureusement résisté, et ont donné ainsi à une division française le temps d'arriver.

Cette division se rua, tête baissée, sur les Russes et les rejeta dans les ravins qui descendent sur la Tchernaïa. Dans le même temps, notre artillerie, habilement dirigée, foudroyait leurs masses en désordre.

(1) Mont Sapouné. *(Note de l'Éditeur.)*
(1) Dites Redoutes Turques sur la carte, le long de la route Voronzof.
(Note de l'Éditeur.)

Cette journée, qui a coûté 15.000 hommes aux Russes, nous a cependant été fatale, en ce sens que les Anglais, victimes d'une surprise, ont perdu beaucoup de monde, et ont déclaré qu'ils n'étaient plus en état de donner l'assaut.

Nous avons manqué là, au dire de tous les officiers russes, la plus belle occasion de prendre Sébastopol, car la garnison était trop peu nombreuse pour offrir une sérieuse résistance.

L'armée anglaise étant réduite de plus de moitié, et l'assaut ajourné, on a senti la nécessité de se garder contre de nouvelles attaques. C'est alors qu'on a ralenti les travaux du siège pour construire les redoutes du Phare, Victoria, Inkermann et Canrobert, ainsi que cette immense ligne de contrevallation qui, longeant les crêtes est du plateau de Chersonèse, descend jusqu'à Balaklava.

L'ensemble de nos positions, ainsi retranchées et garnies d'artillerie, est devenu formidable et capable de résister à tous les efforts des Russes.

C'est en arrière de cette ligne de contrevallation que nous avons passé l'hiver. Tous les jours, de onze heures à quatre heures du soir, des corvées en armes, commandées dans chaque corps pour aller faire du bois, c'est-à-dire, arracher des souches de broussailles, descendaient du plateau : à leur approche, les cosaques placés en vedette sur les points élevés C—D—E (1) se retiraient pour revenir prendre position après le départ de nos corvées.

Cependant, lorsqu'au printemps les nouvelles divisions

(1) Il s'agit ici des trois mamelons Fédioukine. Le mamelon C est le plus rapproché des monts Sapoune, les mamelons D et E sont l'un au nord, l'autre au sud de la route de Balaklava à Bakhtchi-Seraï.

(Note de l'Éditeur.)

françaises sont arrivées, et qu'au lieu de tenir la campagne dans l'intérieur de la Crimée, comme nous le supposions tous, on a employé les renforts à étendre le front des attaques, nous nous sommes trouvés beaucoup trop resserrés sur le plateau.

C'est pour cette raison que la 1re et la 2e division du 2e corps, ainsi que toute notre cavalerie et notre artillerie de réserve, sous le commandement du général Canrobert, sont redescendues dans la vallée. La cavalerie, marchant en tête, a passé par le pont de Traktir, et gagné les hauteurs en suivant la grande route, tandis que l'infanterie gravissait les pentes de front. Les Russes surpris, et du reste peu nombreux, ont fui dans le plus grand désordre. en se bornant à nous envoyer quelques coups de fusil. et sans prendre le temps d'emporter la majeure partie de leurs bagages.

Les troupes françaises sont restées sur les hauteurs. entre la route et le Chouliou, jusqu'à midi ; elles se sont ensuite retirées pour venir camper : l'infanterie sur les plateaux C et D, et la cavalerie, avec l'artillerie de réserve, entre le point E et la route Voronzof (1), pendant que les Piémontais occupaient Tchorgoune et s'étendaient sur les hauteurs de gauche de la Kreutzen et de la Tchernaïa (2).

Le jour même, dans la crainte d'un retour offensif des Russes, on a commencé une tête de pont au pont de Traktir, et on a remis l'eau du Chouliou dans le canal.

Ce canal que nous avions coupé lorsque, après l'Alma,

---

(1) L'infanterie occupait donc les deux mamelons Fédioukine, au nord de la route de Bakhtchi-Seraï; les troupes à cheval bivouaquaient à peu près à l'emplacement terminal de la fameuse charge de Balaklava.

(2) Ces hauteurs, situées entre les rives gauches de la Tchernaïa et de la Kreutzen, portent le nom de Mont-Hasfort.   (*Note de l'Éditeur.*)

nous sommes descendus dans la vallée de la Tchernaïa, amenait à Sébastopol presque toute l'eau qui s'y consommait. Depuis sa rupture les Russes sont obligés d'aller chercher leur eau jusqu'à la Belbek, car les puits ou fontaines qui sont dans l'intérieur de la ville ne fournissent que des quantités d'eau insignifiantes pour de si grands besoins.

Le Chouliou et la Tchernaïa ont une pente très rapide, tandis que le canal, creusé au pied des hauteurs de la rive droite, est maintenu à un niveau presque horizontal ; aussi lui fait-on traverser la Tchernaïa sur un pont aqueduc. Il côtoie ensuite cette rivière, passe le ravin du Carénage à l'extrémité de la baie, sur un pont très élevé et vient enfin se déverser dans les différents quartiers de Sébastopol.

Vous devinez bien, du reste, que, si nous avons remis l'eau dans le canal, c'était seulement pour subvenir à nos besoins et non pour en faire profiter les Russes, et que l'eau ne dépasse pas l'étang qui se trouve au pied des mamelons C et D.

La position occupée par l'armée française offrait divers avantages : 1° d'augmenter son rayon d'action, 2° de faire reposer des troupes fatiguées par les travaux du siège, 3° enfin et surtout de nourrir la cavalerie et l'artillerie de réserve, car les bords de la Tchernaïa ne sont que prairies.

On vint cependant à bout des fourrages immédiatement à portée et, lorsqu'ils furent épuisés, on résolut de porter la division d'Allorville, avec une partie de l'artillerie, dans la vallée de Baïdar ou des reconnaissances antérieures avaient découvert des prés magnifiques.

Pour se rendre à Baïdar, la cavalerie devait suivre la route Voronzof, qui est taillée dans des rochers presque partout à pic, de sorte que l'on ne peut s'engager sur cette voie que lorsqu'on est maître des hauteurs entre la Tchernaïa et la Kreutzen, hauteurs affreusement tourmentées, couvertes de bois et que l'infanterie a déjà bien de la peine à parcourir.

Aussi quand le général d'Allonville se mit en marche, les Piémontais pour le couvrir, avaient préalablement pris position sur les hauteurs pendant qu'une division turque était campée autour d'un château au point N (1).

Dans la vallée de Baïdar, le général d'Allonville fit du fourrage pour nourrir plus de vingt mille chevaux pendant quarante jours, et lorsque toutes ces prairies furent coupées, il traversa la Tchernaïa et s'échelonna le long du vallon qui fait face à celui de Baïdar.

Dans cette position, il était très en l'air et obligé de se garder avec le plus grand soin, afin de pouvoir, s'il était attaqué sérieusement, se retirer derrière la Tchernaïa et faire sa jonction avec les Piémontais qui, possesseurs des côtes dominant la vallée, auraient couvert sa retraite par la route Voronzof.

Les nombreuses reconnaissances qu'il ordonnait, ainsi que les rapports de ses espions, avaient donné au général la certitude que les Russes voulaient attaquer sur la Tchernaïa. — Il en avertit le général Bosquet, commandant le deuxième corps, qui prescrivit aux divisions Dulac et de La Motterouge, de se tenir prêtes à marcher. La Garde, campée au quartier général, reçut le même ordre.

Ces précautions n'étaient pas inutiles, car le 16 à la pointe du jour on put voir des mamelons que nous occupions, de grosses colonnes russes descendant les gorges que suit la route Mackensie au-dessous de la batterie de

____

(1) A l'est de la Kreutzen, dans un triangle formé par la Tchernaïa, par la Kreutzen et par le village d'Alsou. (Voir Fay, p. 274.)

(Note de l'Éditeur.)

Bilboquet (1). En outre, toutes les hauteurs entre cette route et le Chouliou, ainsi que celles en avant de Tchorgoune étaient couvertes de troupes russes qui, à la faveur de la nuit et de la brume matinale, étaient venues occuper les positions sans que rien trahît leur mouvement.

Nous étions sur nos gardes, mais les troupes placées sur les mamelons C, D, E, n'en devaient pas moins recevoir le premier choc et résister de façon à permettre aux renforts d'arriver.

Ces troupes, peu nombreuses, se composaient de : 1° une brigade de la division Herbillon, placée sur le plateau E et reliant la droite des Français à la gauche des Piémontais (l'autre brigade de cette division était détachée au siège) ; 2° la division Faucheux (ancienne division Mayran), dont la première brigade commandée par le général de Failly, devait occuper et défendre la tête du pont, tandis que la deuxième brigade était en arrière, à cheval sur la route, servant de réserve à la brigade de Failly et à la brigade de la division Herbillon ; 3° la division Camou, campée tout entière sur le mamelon C (2) ; 4° et enfin la division de chasseurs d'Afrique, sous le commandement du général, campée en F (3).

Les grand'gardes de l'infanterie étaient placées sur le canal qui présente, pendant tout son parcours, comme une espèce de retranchement, car les terres de déblai

(1) Ainsi nommé par nos soldats, cet ouvrage russe était assis à la pointe sud-est des hauteurs d'Inkermann, au-dessus de la route dite de Mackensie, qui conduit de Balaklava à Bakhtchi-Séraï.

(Note de l'Éditeur.)

(2) Le plus rapproché des monts Sapoune ; Camou formait notre gauche.

(Note de l'Éditeur.)

(3) La division de cavalerie Morris occupait, au second plan, le débouché du vallon entre le mont Hasfort et les monts Fédioukine.

(Note de l'Éditeur.)

ayant été rejetées à gauche, forment parapet, ce qui nous a été très utile dans cette circonstance.

Lorsqu'il a fait suffisamment jour pour se diriger, les colonnes russes ont lancé en avant d'elles, sur tout le parcours de la Tchernaïa, depuis Bilboquet jusqu'à Tchorgoune, une nuée de tirailleurs. L'ennemi voulait probablement imiter notre manœuvre de l'Alma, et employer des tirailleurs en grandes bandes.

Ces tirailleurs étaient précédés d'une artillerie très nombreuse, qui est venue ouvrir son feu près de la rivière. Les tirailleurs qui se trouvaient en aval du pont, ont passé la rivière à gué et sur des cadres qu'ils avaient apportés avec eux, et se sont ensuite précipités sur le canal; nos grand'gardes, après avoir fourni un feu meurtrier, cédèrent au nombre et regagnèrent les plateaux C et D.

Pendant ce temps, toute la division (division Camou) s'était avancée jusqu'à la crête, et notre artillerie s'était mise en batterie sur le revers D du ravin formé par les mamelons C et D, de manière à être, en grande partie, défilée de l'artillerie russe.

L'ennemi, qui croyait à un succès facile, fut reçu, sur ce point, par la division Camou tout entière, qui fit feu à bout portant; après une décharge générale, cette division se précipita à la baïonnette, et repoussa les Russes, sous le feu de notre artillerie qui les poursuivit, en leur faisant éprouver des pertes énormes, jusqu'au delà de la rivière.

Cette attaque, cependant, n'était qu'une diversion, car tous les efforts des Russes se sont portés sur le pont de Traktir.

En aval de ce pont, et aussi depuis ce pont jusqu'à Tchorgoune, la rivière est partout guéable, par consé-

quent, de ce côté, l'attaque des Russes devait être beaucoup plus prompte, d'abord parce qu'ils avaient moins
de distance à parcourir pour arriver à nos lignes de
défense, et aussi parce qu'ils n'étaient pas embar-
rassés par ces ponts qu'il leur fallait, plus bas, jeter sur
la rivière pour la traverser.

Le général de Failly, qui se trouvait sur ce point avec
sa brigade, ne s'élevant pas à plus de douze cents
hommes, est le héros de la journée.

Assailli, tout d'un coup par plus de six mille hommes,
et sous le feu d'une artillerie très nombreuse, il comprit
qu'il ne pouvait tenir sur la rivière, guéable dans tous les
environs, et se retira sur les hauteurs, en arrière de la
crête qui le défilait des feux de l'artillerie.

Là, il attendit résolument les Russes qui s'avançaient
en tirailleurs en grandes bandes, les reçut par un feu
nourri, les chargea ensuite à la baïonnette et les rejeta
de l'autre côté du pont pendant que notre artillerie,
placée sur la crête et au pied des mamelons D et E, les
mitraillait horriblement.

Une nouvelle masse de tirailleurs, aussi forte que la
précédente, recommença l'attaque.

Le général de Failly, obligé de céder encore, revint
prendre position en arrière des crêtes, et renouvela sa
manœuvre avec le même succès.

Les Russes se retiraient aussi précipitamment qu'ils
avaient attaqué, lorsqu'ils furent rencontrés par le général de Wimpfen, à la tête du 50° de ligne et du 7° léger.

Le général Camou, après avoir repoussé l'attaque faite
de son côté, s'était vite aperçu que ce n'était qu'une
diversion, et que le véritable point d'attaque, était le
pont de Traktir.

C'est pour cette raison qu'il avait envoyé le général de

Wimpfen, avec deux régiments, au secours du général de Failly. Mais celui-ci avait déjà forcé l'ennemi à commencer son mouvement rétrograde, quand de Wimpfen déboucha très opportunément : ces troupes de renfort qui marchaient à mi-côte, parallèlement au canal, vinrent couper les Russes de la rivière, et leur firent de nombreux prisonniers.

Pendant ces deux attaques successives repoussées avec si peu de monde, par le général de Failly, les Russes avaient aussi tenté de s'emparer du mamelon E, défendu par une brigade de la division Herbillon, et des hauteurs G G (1) occupées par les Piémontais, mais ils échouèrent sur ce point comme sur les autres. — Quoique les Piémontais n'aient pas eu un grand effort à supporter, ils ont montré ce dont ils étaient capables, et cette journée, où ils ont gagné leurs éperons, a encore augmenté la confiance que nous avions dans leur petite armée si coquette.

L'affaire principale, c'est-à-dire le combat d'infanterie, n'a duré qu'une heure, de cinq à six.

Les Russes se sont alors retirés, de sorte qu'à l'arrivée des divisions Dulac et de La Motterouge tout était déjà terminé; ces divisions, à leur grand regret, n'ont pas eu l'occasion de tirer un coup de fusil.

La canonnade a continué pendant que l'ennemi opérait son mouvement de retraite qui était terminé à trois heures.

Il est venu prendre position sur la route de Mackensie, au-dessous de Bilboquet, ayant une partie de sa cavalerie déployée sur la droite en avant du petit col qui sépare Bilboquet et Flageolet, en arrière une forte co-

(1) Rochers de Tchorgoune et Mont-Hasfort.   (*Note de l'Éditeur.*)

lonne d'infanterie sur la route, et d'autres lignes d'infanterie formées en échelons et en échiquier à l'est de la route. A gauche de cette infanterie se trouvait encore de la cavalerie. Toutes les crêtes du plateau Mackensie étaient garnies d'artillerie qui a continuellement tiré jusqu'à deux heures, heure à laquelle les Russes se sont tout à fait retirés et ont disparu dans les gorges de la route Mackensie. — Dans cette position d'attente leurs forces étalées en amphithéâtre pouvaient se dénombrer à l'œil nu, nous avons compté dix-sept escadrons de cavalerie et plus de quarante bataillons, en outre une artillerie énorme et hors de toute proportion; au total plus de trente mille combattants.

Et c'est une poignée de quatre mille Français qui a tenu en échec une armée de trente mille Russes! Il n'y eut en effet de sérieusement engagé de notre côté que la brigade de Failly, le 50e et le 7e léger; les autres troupes du corps d'observation n'ont soutenu que de fausses attaques, et les divisions Dulac et de La Motterouge sont arrivées après la bataille.

Ce magnifique succès doit d'autant plus nous réjouir qu'il nous a coûté des pertes relativement minimes, surtout en regard des pertes énormes infligées à nos adversaires.

C'est notre artillerie qui a le plus souffert, car, tirant sur les masses, elle ne répondait pas au feu de l'artillerie russe qui était bien plus nombreuse qu'elle. On cite une batterie de la garde où nous avons eu quarante chevaux tués, trente-neuf hors de combat, et les trois officiers blessés, mais légèrement.

Contre notre habitude, nous avons eu fort peu d'officiers tués; le général de Failly a eu un cheval tué sous lui, ainsi que le colonel Castagny, du 7e léger. En hommes de troupe nous comptons environ deux cents morts et sept cents blessés, tandis que les Russes ont eu, sans exagération, dix mille hommes hors de combat.

Nous avons fait six cents prisonniers, et les Piémontais de deux cent cinquante à trois cents; nous avons, en outre, dix-huit cents blessés russes dans nos ambulances.

On est en train de les évacuer sur Odessa : c'est avec le plus grand regret que ces malheureux voient leur évacuation, car autant au commencement de la guerre ils craignaient d'être faits prisonniers, attendu qu'on leur répétait continuellement que les Français leur coupaient d'abord les oreilles pour les livrer ensuite aux Turcs, autant à l'heure présente, après nos bons traitements, ils désirent rester prisonniers pour ne pas, disent-ils, retourner à cet affreux siège.

Tout le terrain compris entre la rivière et le canal était jonché de cadavres : autour du pont et même dans la rivière ils étaient empilés les uns sur les autres. Après l'affaire nous avons enterré tous ceux qui se trouvaient sur la rive gauche. Il nous a été impossible d'aller chercher les blessés de la rive droite, car toutes les fois que nos soldats traversaient la rivière dans cette intention, les Russes faisaient feu de toutes leurs batteries.

Le 18 et la matinée du 19, il y a eu armistice. Les Russes ont enlevé leurs morts de la rive droite, et les ont emportés sur des *arabas*. Le nombre des cadavres, réunis à ceux que nous avions déjà enterrés sur la rive gauche, ne s'élève pas à moins de deux mille.

Parmi les morts, ils ont trois généraux, dont l'un est le général Réad. — On a trouvé sur lui une lettre renfermant ses instructions. Cette lettre a paru confirmer ce que disaient les prisonniers, que l'ordre de l'attaque était venu de Saint-Pétersbourg et que l'Empereur avait envoyé son frère, le grand-duc Michel, pour assister à cette affaire.

D'après cette lettre, le général Réad commandait le 1er corps, qui était le corps d'attaque; il y avait un autre corps de réserve. L'effectif total se composait de plus de soixante mille hommes.

Le général Réad, suivant ces instructions, devait s'emparer vivement des mamelons C, D, E, s'y installer fortement au moyen de retranchements, et y mettre tout de suite de l'artillerie de position en batterie pour tirer sur nos lignes et sur les derrières des Piémontais. Il était dit que pendant ce temps il recevrait de nouveaux ordres.

Il est probable que le plan des Russes était de nous séparer des Piémontais, de se diriger du côté de Balaklava, et, en supposant qu'ils ne parvinssent pas à s'en emparer, d'occuper les redoutes turques et les hauteurs du nord de Balaklava, de manière à couper les Piémontais et toute notre cavalerie. Ce plan n'était pas trop mal conçu, car s'il avait réussi, vous voyez quels résultats en eussent été la conséquence.

Du reste ils sont humiliés au suprême degré d'avoir, avec un tel déploiement de forces, été repoussés par si peu de monde.

Tout porte à croire qu'ils vont recommencer pour venger cet échec.

C'est le plus grand plaisir qu'ils pourraient nous faire, car jamais ils ne nous forceront dans nos positions, et plus leur acharnement sera grand, plus leurs pertes seront considérables.

Cette lettre que je ne croyais terminer qu'aujourd'hui vers midi a été achevée à quatre heures du matin, parce que toute la nuit on a entendu un bruit de voitures et de canon dans la Tchernaïa, de sorte que depuis onze heures du soir nous sommes sous les armes.

Les hommes sont couchés sur leurs sacs au pied des faisceaux, et moi je profite de cette veille pour finir mon récit avant que nous venions à marcher, le cas échéant.....

On nous a gardés sous les armes jusqu'à cinq heures du matin. C'était une fausse alerte et je vous quitte pour aller me coucher, car ayant été de garde la nuit précédente nous tombons tous de sommeil.

Je vous embrasse.

H. LOIZILLON.

XXXIX

Camp d'Inkermann, le 24 août 1855.

Mes chers parents,

Depuis le récit que je vous ai fait de la bataille de Traktir, il ne s'est rien passé de nouveau sur la Tchernaïa, à part les alertes qui ont eu lieu très souvent.

Cette nuit une partie des troupes a encore été sous les armes depuis minuit jusqu'au jour.

Ces mesures de précaution font parfois crier le soldat, qui conçoit le vain espoir de se mesurer avec l'ennemi et se trouve finalement déçu. Elles ne sont cependant pas inutiles, car tous les jours on peut s'attendre à une nouvelle attaque des Russes de ce côté, malgré le peu de succès de celle qu'ils ont tenté le 16.

La raison en est que toutes les sources qu'ils avaient à Sébastopol et sur le plateau de Mackensie sont taries et qu'ils sont obligés d'aller chercher toute leur eau à la Belbek, qui est à une distance moyenne de trois lieues.— C'est donc autant par la nécessité que par le désir de nous refouler sur le plateau et de couper notre cavalerie qu'ils veulent reprendre la Tchernaïa.

De notre côté, loin de redouter une nouvelle attaque, nous l'appelons de tous nos vœux. Notre position, en effet, est si bien gardée, nos mesures sont si bien prises que nous ne pouvons avoir la moindre crainte d'être forcés; nous pouvons même espérer qu'en laissant les Russes s'engager à fond, nous réussirons à en couper une partie ou à leur infliger des pertes encore plus sérieuses qu'à la dernière affaire.

Du côté du siège les choses ont changé de face. Vous devez vous rappeler que je vous ai dit que, pendant une quinzaine de jours, tous nos efforts avaient été vains pour avancer et pour relier au centre les deux amorces, de droite et de gauche, de la sixième parallèle.

Le 17 au matin nos batteries ont ouvert leur feu, les Anglais ont fait de même.

Le feu a été très vif jusque vers midi, pour reprendre encore avec une plus grande intensité à la tombée de la nuit et, sous la protection de ce feu, la sixième parallèle a été creusée dans cette même nuit.

Le jour suivant on l'a perfectionnée, et comme, depuis ce temps on continue à tirer, les travaux ont marché avec une grande rapidité, parce que l'artillerie russe, inférieure à la nôtre et à celle des Anglais, répond au feu des batteries et ne peut ainsi tirer que fort peu sur les travailleurs.

On a aussi gagné du terrain en avant : les boyaux en sape double qui se dirigent sur Malakoff et le Petit-Redan, et que les sapeurs creusent avec la cuirasse et le pot en tête ne sont plus maintenant qu'à cinquante mètres de ces deux saillants.

En partant de ces boyaux, et en s'étendant à droite et à gauche, on a construit plusieurs places d'armes dans lesquels on met les hommes chargés seulement de surveiller les embrasures : aussitôt qu'un panneau s'ouvre ils y envoient immédiatement une dizaine de balles. — Ce feu de mousqueterie doit être funeste aux artilleurs russes et c'est, je crois, principalement pour cette raison qu'ils tirent moins qu'autrefois.

Il est à peu près certain aujourd'hui que nous arriverons en cheminant jusqu'au fossé du retranchement, et que l'on pourra faire brèche à l'escarpe soit par la mine, soit par les canons et les obus.

Les Russes sont sur le point de terminer un pont énorme qui, passant entre la ligne des vaisseaux et la seconde estacade, relie la côte nord à la partie sud de la ville.

On dit qu'ils préparent leur ligne de retraite, voyant que d'ici peu de temps ils seront forcés de se retirer.

Il est possible que cette pensée ait été pour quelque chose dans la construction de ce pont, mais la cause déterminante me semble avoir été d'obtenir une communication constante entre la côte nord et la ville pour le passage des troupes, du matériel, des munitions, des vivres, etc., etc. Cela seul suffit à expliquer leur effort et je ne crois pas qu'ils songent encore, de façon formelle, à abandonner la ville. Ils reconnaissent bien que, forcément, nous nous emparerons du retranchement, mais ils ont employé la même tactique qu'au siège de gauche, et pendant qu'ils défendent ce premier retranchement, ils en construisent un second par derrière qui peut leur permettre de tenir longtemps encore. Ce n'est, il est vrai, qu'une question de temps, car personne, à commencer par les Russes, ne saurait mettre en doute que nous nous emparions de Sébastopol.

L'ardeur, l'énergie, le dévouement de nos soldats sont toujours les mêmes, et il en faut une bonne dose pour avoir su résister à toutes les fatigues et à l'ennui énervant d'un si long siège.

L'état sanitaire continue à être bon, dans ce sens que nous n'avons que fort peu de choléra et de fièvres. Mais le scorbut commence à reparaître; il s'attaque en particulier aux régiments qui ont passé l'hiver en Crimée, et y ont subi de longues fatigues et des privations.

Cette apparition du scorbut explique la sage détermination qu'a prise l'Empereur, de faire relever les vieux régiments par de nouvelles troupes; ce roulement aura en outre l'avantage de faire passer toute l'armée par une école d'où elle sortira sans rivale, avec cette intime conviction de sa supériorité qui lui serait un gage assuré de la victoire, si une guerre plus générale l'appelait sur les grands champs de bataille de l'Europe.

J'ai reçu il y a quelque temps une lettre des plus affectueuses du général Marion. Il a été très inquiet sur mon compte, car il me dit qu'à Versailles j'ai passé pour être très dangereusement blessé et même pour mort. Je me suis empressé de le remercier de l'affection qu'il me porte et qui s'accuse dans chaque mot de sa lettre.

J'attends Dumas, un de mes meilleurs amis que vous connaissez. Il doit être ici, mais ne l'ayant pas encore vu, je crains fort qu'il n'ait été obligé d'entrer à l'ambulance en débarquant. N'en dites rien à son frère.

Adieu et tout à vous.

H. Loizillon.

XL

Camp d'Inkermann, le 28 août 1855.

Mes chers parents,

Depuis ma dernière lettre du 24 août, il ne s'est rien passé au siège de remarquable. Cependant dans la nuit du 24 au 25, nous nous sommes emparés d'une embuscade russe qui se trouvait sur la gauche de notre tête de sape de Malakoff, et qui gênait beaucoup nos travaux.

Cette embuscade que les Russes n'occupaient d'une façon permanente que depuis quelques jours, était la seule qu'ils possédassent, car de tous côtés ils sont tellement resserrés qu'ils ne peuvent plus sortir de leurs retranchements : aussi y tenaient-ils beaucoup.

Nos soldats s'en sont emparés à l'arme blanche; mais les Russes sont revenus en forces, et nous avons été obligés de l'abandonner : on fit alors sortir sept compagnies du 10e de ligne qui chargèrent les Russes à la baïonnette et, cette fois, l'embuscade est restée définitivement en notre pouvoir. — Elle a été retournée et reliée dans la même nuit.

Les Russes ont alors tenté une sortie sur notre tête de sape du Petit-Redan ; mais reçus par un feu de mousqueterie très vif, ils ont été obligés de se retirer dans le fossé de leur retranchement. La nuit suivante ils ont recommencé la même sortie sans plus de succès.

Notre artillerie continue à faire toutes les nuits un feu effrayant qui doit infliger aux Russes des pertes énormes, car tous les matins on voit dix, quinze, vingt arabas se rendre au cimetière pour y transporter des morts.

Le feu de l'ennemi, par contre, devient de moins en moins nourri. Il est gêné par nos tirailleurs qui criblent de balles chaque embrasure qui vient à s'ouvrir ; ces embrasures même sont en fort mauvais état et il est probable enfin que les Russes ont un grand nombre de pièces démontées.

Ils se rattrapent sur un nouvel engin : je veux parler des petits mortiers qu'ils ont placés dans le fossé, sur tout le développement du retranchement et qui nous font un mal très sensible.

Ces mortiers, qui lancent des bombes, des grenades, de la mitraille, ne s'adressent pas à nos batteries, mais à nos tranchées et à nos têtes de sape. — Depuis leur entrée en scène nos pertes journalières ont doublé.

On pense que c'est une raison de plus pour brusquer le dénouement, auquel on doit s'attendre tous les jours, à cause de la faible distance qui sépare nos travaux du retranchement.

Tout le monde croit que, d'ici au 15 septembre, on tentera le coup décisif, pour profiter du découragement dans lequel sont les Russes. — Il paraît que la bataille de Traktir et les pertes énormes qu'ils font tous les jours dans Sébastopol les ont complètement abattus.

On vient de démentir la nouvelle de la mort de Totleben,

mais pas cependant d'une manière assez positive pour que je puisse vous l'affirmer.

Dumas a fini par me découvrir, et nous avons passé une bonne journée ensemble. Il m'a dit que son pauvre frère est toujours sous le coup d'une nouvelle amputation, car le moignon continue à suppurer et ne se ferme pas. C'est triste, après trois ans d'épreuves.

Je vous embrasse.

H. L.

XLI

Camp d'Inkermann, le 1ᵉʳ septembre 1855.

. . . .

. . . .

Les travaux du siège sont toujours aussi pénibles et aussi dangereux.

Depuis que je vous disais que nous étions à cinquante mètres des saillants de Malakoff et du Petit-Redan, nous avons fort peu gagné en avant. Cependant sur chaque attaque on a prolongé à droite et à gauche les places d'armes, de manière à leur faire contenir plus de monde. On perfectionne tous les jours ces places d'armes et les boyaux qui les relient à la sixième parallèle, afin de les mettre autant que possible à l'abri du canon.

Il y a quatre ou cinq jours on a commencé des puits de mine pour pousser des boyaux d'écoute et aller au devant des galeries que les Russes sont en train de construire, dans l'intention de faire sauter nos travaux avancés. La guerre souterraine va donc se faire ici comme elle s'est déjà faite au siège de gauche, où nous sommes parvenus à établir une parallèle en couronnant les entonnoirs des fougasses.

Devant Malakoff la tâche sera moins rude, car déjà maintenant nous sommes suffisamment près pour donner l'assaut, et le but principal des mines sera probablement de faire brèche à l'escarpe et à la contrescarpe de Malakoff.

Le feu de notre artillerie continue à être très vif et à démolir les embrasures des batteries russes, dont le tir s'était notablement ralenti, ce qui pouvait faire croire que nous leur avions démonté une grande partie de leurs pièces.

Malheureusement dans la nuit du 28 au 29, nous avons vu que le mal que nous leur avons fait n'est pas aussi grand que nous le supposions; à une heure du matin nous avons eu, au Mamelon-Vert, un magasin à poudre qui a sauté, et immédiatement les Russes ont fait pendant deux heures un feu épouvantable de toutes leurs batteries.

C'est une bombe russe qui, tombée sur le blindage du magasin à poudre, y a mis le feu; la commotion a été terrible et ressemblait à un tremblement de terre; tous les hommes qui se trouvaient dans le Mamelon-Vert ont été renversés; l'émotion était générale, et tout le monde croyait que le mamelon Vert en entier avait sauté. Une chose surtout était affreuse, c'est le silence de mort qui régna pendant quelques instants après cette immense détonation.

Heureusement le mal était beaucoup moins grand qu'on ne le pensait.

La batterie 15 bis, dans laquelle le magasin à poudre a sauté, a été fort endommagée; deux batteries voisines ont aussi beaucoup souffert; mais les autres, dont les pièces avaient été dérangées seulement, ont repris leur feu sur-le-champ (1) : aux premiers coups qu'elles ont tirés, il y a eu un soulagement général, tous les cœurs se sont détendus, car, je vous l'ai dit, on croyait le Mamelon avec toutes ses batteries, renversé de fond en comble.

Le nombre des victimes, quoique considérable, n'est cependant pas en rapport avec les craintes du premier moment (2).

Dans la batterie 15 bis, par un hasard providentiel, le capitaine, le maréchal des logis et deux artilleurs ont échappé au désastre. Ce qui a causé le plus de mal, ce sont les poutres formant les blindages du magasin; elles ont été lancées dans le ravin de Karabelnaïa, et sont tombées sur une compagnie de voltigeurs de la garde qui a été abîmée.

Les Anglais mêmes, dans leurs tranchées, ont eu une trentaine d'hommes tués ou blessés.

Nous devons rendre cette justice aux Anglais, c'est qu'aussitôt après l'explosion ils ont envoyés aux Russes une effroyable quantité de bombes. Leurs artilleurs sont très bons et bien dirigés; mais quant aux travaux de sape, ils n'y mordent pas. Ils finissent seulement de retourner l'ancienne parallèle russe du Grand-Redan qui, par le fait seul de la prise du Mamelon, est tombée dans leurs mains le 7 juin. Depuis lors ils n'ont poussé aucun boyau en avant. On peut en conclure avec certitude qu'ils ne sont pas disposés à attaquer le Grand-Redan, et qu'ils seront

(1) Le général Bosquet cita même à l'ordre du jour les canonniers Gaubier et Bescot, deux hommes de cœur qui, au milieu de la stupeur générale, eurent la présence d'esprit de tirer, aussitôt après l'explosion, toutes les pièces encore en état dans la batterie opposée directement au front de Malakoff. *(Note de l'Éditeur.)*

(2) 31 hommes tués, 119 blessés, 80 contusionnés.

paisibles spectateurs lorsque nous donnerons l'assaut à Malakoff.

Le pont que les Russes ont construit sur la rade fonctionne depuis plusieurs jours; il est constamment couvert de troupes, de voitures qui se croisent. Sa largeur doit être considérable, d'après le nombre de voitures qui marchent de front : on estime cette largeur à au moins trente mètres.

J'ai entendu dire que les Anglais voulaient le détruire et qu'ils avaient déjà tiré, dans cette intention, un grand nombre de fusées ; mais je crois que les résultats n'ont pas répondu à leurs désirs.

Hier nous avons aussi, de notre côté, tenté une expérience dont le résultat n'a pas été très satisfaisant.

Vis-à-vis du Petit-Redan, nous avons placé dans une fougasse pierrier un énorme tonneau de poudre, fortement cerclé en fer, entouré de cordes, qui, en éclatant, devait produire autant d'effet qu'une mine. Il a été parfaitement bien lancé, seulement il nous a joué le mauvais tour de ne pas éclater, de sorte que l'on peut craindre que les Russes nous le renvoient demain ou après.

Un bruit qui paraît fondé circule en ce moment: c'est que deux divisions de grenadiers russes ont quitté l'armée de Pologne, et sont déjà arrivées devant Sébastopol.

Cette nouvelle est très croyable, vu le désarmement de l'Autriche qui permet à la Russie de disposer de toute son armée de Pologne que nous aurons incessamment sur les bras.

Néanmoins nous prendrons Sébastopol, nous en avons l'intime conviction, et il est probable alors qu'après ce siège qui aura épuisé toutes les ressources de la Russie, la paix sera loin d'être faite : ce sera au contraire la grande guerre qui commencera, car nous serons en mesure de faire payer cher à l'Autriche sa conduite fausse et déloyale.

Ce jour, s'il arrive jamais, sera, je vous assure, accueilli avec enthousiasme par l'armée française de Crimée, et peut-être aussi aurons-nous les sympathies de beaucoup d'officiers Russes qui méprisent les Autrichiens depuis qu'ils les ont vus dans la guerre de Hongrie, et qui leur reprochent, comme nous, leur peu de franchise.

Mais je m'aperçois que je quitte ma relation du siège pour me permettre, contre mon habitude, un brin de politique. Je vous en demande pardon, et si mon avis n'est pas le vôtre, mettons que je n'ai rien dit, et revenons bien vite aux détails et anecdotes qui sont de ma compétence.

Je comprends que vous vous intéressiez au plus haut point à toutes les opérations du siège, et que vous désiriez des croquis pour mieux les comprendre et les suivre. Mais le général Pélissier a formellement défendu à tous les officiers, aux généraux même, d'avoir en leur possession le plus petit plan des attaques. Je ne pourrai donc vous envoyer des croquis que pour ce qui se passera en dehors du siège.

Pendant notre garde de la nuit dernière, l'aide de camp du général de Failly, qui avait eu deux chevaux blessés le 16 dans la bataille de la Tchernaïa, a reçu une balle qui a contourné le crâne. Les médecins ne pourront, que dans sept jours, se prononcer sur la gravité de la blessure.

Dans notre garde précédente, le lieutenant Vever, de Metz, officier d'ordonnance du général de Pontevès, a été emporté par un boulet en allant placer des troupes.

Ce sont des malheurs, mais à la guerre il faut s'y

attendre. Nous n'osons plus demander des nouvelles les uns des autres, car chaque fois on apprend la perte d'un camarade.

Je vous embrasse, mes bons parents, et suis tout à vous.

H. LOIZILLON.

XLII

Camp d'Inkermann, le 11 septembre 1855.

Mes chers parents,

Sébastopol est pris depuis le 8 au soir, et, vu le départ
des courriers, je ne puis vous donner de mes nouvelles
que le 11, nouvelles qui ne vous arriveront que le 25 ou
le 26; c'est donc pour vous seize ou dix-sept jours d'angoisses terribles.....

Je vous écris, donc je vis, et mieux que cela, je ne suis
pas blessé.

Notre division avait toujours le même point d'attaque
que précédemment, c'est-à-dire la grande courtine qui va
de la tour Malakoff au Petit Redan.

Nous nous sommes élancés de nos parallèles; nous
avons franchi comme par enchantement un espace de
cinq cents mètres encombré d'abatis, de trous de loups,
de fougasses et de chevaux de frise, et, arrivés au fossé,
tout le monde a sauté la contrescarpe, qui était à pente
verticale, pour gravir l'escarpe qui était à terre roulante
par suite des dégâts qu'avaient causés nos projectiles.

A notre approche, les Russes ont fait feu de tous côtés, mitraille, pierres, bombes, obus, balles, tout nous pleuvait, mais rien n'arrêtait l'ouragan qui nous entraînait.

Nous nous sommes ainsi rendus maîtres de la courtine, où nous avons tué les Russes qui n'ont pas voulu fuir.

Pendant ce temps, la 1re division a pris la tour Malakoff à notre gauche, tandis qu'à notre droite la 4e échouait sur le Petit Redan.

Une colonne russe de cinq à six mille hommes, comptant exploiter les difficultés de notre situation, s'avança pour nous déposter, mais elle fut accueillie par un feu de mousqueterie de toute notre ligne et finalement obligée de se replier dans le Petit Redan. Cette contre-attaque et l'explosion simultanée d'une fougasse ont néanmoins causé dans nos rangs une panique qui pouvait avoir les suites les plus graves, si nous n'étions parvenus à faire repasser le fossé à nos hommes qui fuyaient.

Pendant que nous attaquions à droite, le Vieux Siège attaquait à gauche et les Anglais le Grand Redan.

Les troupes de gauche partirent avec le même élan que les nôtres; mais, à la suite de quelques explosions de fougasses, elles se retirèrent en désordre.

Les Anglais, selon leur habitude, ont fait semblant d'attaquer le Grand Redan avec quelques centaines d'hommes, lorsqu'il en fallait dix mille. Ce sont décidément des lâcheurs, et, si braves qu'ils se soient montrés par ailleurs, ils sont coulés à fond dans l'opinion de l'armée française. Si l'on voulait donner une belle fête à nos soldats, on convierait les Russes à jeter à la mer tous ces alliés douteux que nous n'avons jamais pu sentir.

A gauche et au centre le résultat était nul. C'est donc l'attaque de droite qui a pris Sébastopol, et l'honneur en revient surtout à la 1re division et ensuite à la nôtre.

Quoique le succès soit très grand, nos pertes sont bien regrettables. Le premier blessé que j'aie vu fut le pauvre Emile Violland. Lorsque nous sommes arrivés sur la courtine il a été frappé d'une balle en pleine poitrine. J'espérais que la balle n'avait fait qu'un séton, en contournant les côtes, et comme il marchait très bien, je comptais le retrouver à son camp. Depuis, je l'ai vainement cherché dans toutes les ambulances; son régiment n'a pas de nouvelles de lui, et je crains bien qu'il ne soit mort en route. N'en dites rien à ses parents; avouez seulement qu'il est blessé, jusqu'à ce que je sache d'une manière certaine ce qu'il est devenu.

Violland tomba au début, au moment d'aborder la courtine; mais c'est ensuite, après l'échec de la 4e division sur notre droite, que nos pertes se multiplièrent, en un instant, de terrible façon.

Le colonel du 49e fut tué à mes côtés, alors que je lui parlais.

Au moment où nos soldats se *sauvaient*, le colonel Delaville, notre chef d'état-major, m'envoie d'un côté pour les arrêter, tandis qu'il court de l'autre. Il n'a pas fait cent pas qu'il reçoit dans le ventre une balle dont il est mort hier matin à dix heures.

En même temps l'aide de camp du général, un de mes camarades de promotion, était frappé au cœur par une balle qui l'a tué raide.

Successivement tout l'état-major y passait : l'autre capitaine d'état-major était emporté du champ de bataille, après avoir été renversé par un éclat de bombe qui lui fit une affreuse contusion, dont heureusement il ne mourra pas. Le neveu du général, lieutenant au 7e léger et officier d'ordonnance de son oncle, recevait dans la jambe une balle qui a nécessité l'amputation. Un lieutenant d'état-major enfin, qui servait de second aide de camp, était frappé par une balle à la tête : la blessure, quoique grave, ne semble pas mettre sa vie en danger.

Le général avait eu sa tunique labourée de balles et de mitraille. Moi qui restais seul près de lui, je n'avais eu qu'un éclat de pierre qui m'emporta le bas de mon pantalon et une balle qui me l'avait traversé.

La tour Malakoff une fois prise, nous avons été, à partir de deux heures, un peu moins malheureux dans notre courtine. J'oubliais de vous dire que l'attaque avait commencé à midi.

Cependant les Russes tenaient toujours le Petit Redan et nous enfilaient de leurs feux.

Tout à coup, au milieu de cette accalmie relative, un mouvement se produit, pareil à un tremblement de terre, tel que celui dont je vous ai parlé au Mamelon-Vert. Il nous balaie ou nous renverse en un clin d'œil.

J'étais à côté du général : nous sommes projetés en arrière, toujours l'un près de l'autre, mais sans mal, lorsqu'ensuite viennent toutes les pierres et les décombres. Ayant échappé aux premières pierres, nous nous croyions sauvés et nous relevions déjà la tête, quand nous apercevons une énorme poutre de blindage qui nous arrivait en droite ligne. Elle alla frapper par l'une de ses extrémités une grosse pierre derrière laquelle le général avait abrité sa tête. Cette pierre a été brisée et lui a déchiré toute la figure. Heureusement sa blessure, quoique très douloureuse, est sans gravité et il sera bientôt guéri.

Quant à moi, lorsque la poutre a achevé sa chute, j'ai roulé avec elle, ainsi que le général et tous ceux qui se trouvaient près de nous. Je me suis relevé contusionné de partout et mon premier mouvement a été de chercher le général; mais comme nos hommes, saisis alors par une nouvelle panique, abandonnaient la position, j'ai couru au plus pressé, c'est-à-dire que j'ai pris tout ce que j'avais d'officiers, de sous-officiers à qui j'ai fait mettre le sabre à la main pour arrêter les hommes qui fuyaient, et je suis parvenu à les faire remonter sur le parapet.

A partir de ce moment j'ai pris, moi capitaine, le commandement de toute la division, car dans cette explosion, le commandant Tellier, du 16e léger, le protecteur d'Emile et mon ami, a été écrasé avec quatre officiers de son régiment. Le colonel du même régiment a eu d'affreuses blessures dont il guérira cependant.

J'ai conservé ce commandement jusqu'au moment où j'ai rencontré le lieutenant-colonel du 16e léger qui se trouvait dans notre sixième parallèle, et c'est alors que je le lui ai remis.

Le lendemain matin, après que les Russes eurent évacué la ville, mon premier soin, en rentrant au camp, fut d'aller voir le général. Il me reçut d'un ton fort brusque qui me donna à craindre qu'il ne m'eût mal jugé de ne l'avoir pas fait emporter.

Je lui ai dit alors que je l'avais cherché, mais que j'avais cru de mon devoir de retenir d'abord les troupes sur la position. « Je vous ai vu, m'a-t-il répondu, de l'œil qui me restait encore; je vous ai entendu crier : *En avant!* et il vous sera tenu compte de votre conduite. »

Sur le rapport fait par chaque général de division au général en chef, rapport qui passe par mes mains et celles de Conegliano, puisque nous restons seuls ici, a été relaté que j'ai commandé la division dans ce moment critique, et comme le général me propose non seulement pour la croix, mais pour la mise à l'ordre de l'armée, il n'est pas téméraire de ma part de supposer que j'obtiendrai au moins la croix.

Aujourd'hui nous rendons les derniers devoirs à nos morts : à sept heures nous enterrons notre pauvre colonel Delaville, que je regretterai toute ma vie. J'ai déjà assisté à l'enterrement de tous les officiers d'état-major; il était présidé par le général Pélissier, qui a fait un discours bien senti, dans lequel il disait qu'il serait toujours fier de sortir de ce beau corps. Ensuite nous avons été à l'enterrement du général Breton et du général Rivet. Celui-ci laisse d'unanimes regrets, que je partage plus que tout autre encore, car il avait été pour moi particulièrement bon et affectueux.

Je ne puis vous en dire plus, ni écrire à personne; que Marie se charge de rassurer chacun sur mon compte. Je suis accablé de travail par suite de toutes nos pertes et des propositions qui en résultent, et comme je suis seul avec Conegliano, qui ne peut encore écrire, vous jugez que j'ai fort à faire pour suffire à tout.

Et puis je n'ai de cœur à rien en ce moment; je suis et serai longtemps encore sous la triste impression de la mort de mes amis.

C'est pourquoi, même à vous, je ne puis donner de détails, ni parler de l'incendie et des explosions de Sébastopol; les journaux vous en rendront compte.

Je vous dirai seulement que le 9 au matin, après le départ des Russes, j'ai été faire un tour dans la ville. Quelle désolation et quel affreux spectacle que les traces sanglantes de la lutte acharnée!

Comme souvenir de cette triste visite, j'ai rapporté un petit tableau insignifiant et un pauvre chat, pris dans une belle maison détruite en partie.

Le chat n'avait ni mangé ni dormi depuis au moins

trois jours, de sorte qu'en subvenant à ses besoins, je m'en suis fait un ami intime. Je vous en ferai cadeau si nous rentrons en France.

Adieu, mes chers parents; remercie bien Dieu, ma bonne mère, de m'avoir épargné, car à trois ou quatre reprises différentes, ce n'est que par des coups de la Providence que j'ai été sauvé.

Je vous embrasse tous.

H. Loizillon.

XLIII

Camp d'Inkermann, le 15 septembre 1855.

Mes chers parents,

Au moment où je désespérais de retrouver jamais le pauvre Emile Violland, ne doutant plus qu'il fût mort et enterré dans la grande fosse commune, j'ai appris que des blessés avaient été directement transportés du lieu du combat à l'ambulance de Kamiesch.

Ne pouvant m'absenter, j'y ai envoyé aussitôt mon ordonnance; il en arrive et me rapporte qu'il a vu Emile en train de m'écrire.

Sa blessure est très grave, néanmoins les médecins espèrent le sauver; ce qui les y aidera beaucoup, c'est son moral. Il paraît, d'après ce que me dit mon ordonnance, qu'il supporte ses souffrances avec un calme et une résignation qui lui seront d'un grand secours pour guérir.

Après vous avoir parlé de ce pauvre Emile, j'ose à peine vous entretenir de moi. Que vous dire d'ailleurs qui en vaille la peine? C'est surtout en présence de la mort que l'on sent la petitesse et la vanité des choses de ce monde.

Comme vous le savez, je suis seul avec Conegliano pour faire le travail si long et si embrouillé qui suit toute affaire. .

Le général m'a proposé pour la décoration, et à la fois pour la citation à l'ordre de l'armée avec la note suivante :

— « A assisté aux trois affaires du Mamelon-Vert, du « 18 juin et du 8 septembre — s'est conduit avec une rare « énergie et beaucoup d'intelligence dans la transmission « de mes ordres — a ramené au parapet, après l'explo- « sion, les hommes qui avaient été très émotionnés par « cette explosion. »

D'après ces notes, je crois que cette fois il est impossible que la décoration m'échappe.

Adieu, mes chers parents, je vous embrasse, soyez mon interprète auprès de tous nos amis, et surtout rassurez autant que possible la famille Violland : tant qu'on est pas mort on peut toujours en rappeler.

H. Loizillon.

XLIV

Camp d'Inkermann, le 18 septembre 1855.

Mon cher monsieur D.,

Immédiatement après le 8 septembre j'ai écrit un mot à mes parents pour leur dire que, malgré tous les dangers qui nous menaçaient, j'avais eu le bonheur d'être du petit nombre de ceux qui s'en sont tirés sains et saufs.

N'ayant pas le temps de vous écrire, puisque je suis resté seul des sept officiers, je les priais de vous faire savoir que j'étais toujours de ce monde. — Ils l'ont fait, je n'en doute pas, et quand vous recevrez ces lignes, vous serez déjà rassuré sur mon sort.

Bien que je ne dispose que de quelques minutes, je tiens à vous annoncer moi-même une nouvelle qui vous fera grand plaisir.

Avant hier j'ai reçu la décoration.

Je vous répéterai ce que j'ai dit à mes parents aujourd'hui, c'est que j'ai été bien plus sensible aux félicitations de mes camarades d'état-major, et surtout des officiers des corps de la division, qu'à la décoration par elle-même.

Ce n'est pas tout d'être décoré; il faut que l'opinion publique signe à votre brevet, et sous ce rapport je vous assure que je n'ai rien à désirer.

Je vous quitte : comme nous nous attendons à marcher sur le plateau de Mackensie, j'ai à donner des ordres à n'en plus finir, et je n'ai plus que le temps de me dire votre tout dévoué.

H. LOIZILLON.

J'ai le très grand regret de vous annoncer la mort du frère des demoiselles Violland.

Conegliano se rappelle à votre souvenir. N'ayant pas encore repris l'usage de son bras, il n'a pu se trouver à l'assaut, heureusement pour lui sans doute.

XLV

Camp d'Inkermann, le 22 septembre 1855.

. . . .
. . . .

Les deux armées sont toujours en présence, et je crois qu'on ne sait trop ce que l'on veut faire. Mais quoiqu'il arrive, vous pouvez être tout à fait tranquilles, car notre division forme l'extrême-gauche de l'armée pour défendre les débouchés d'Inkermann, par où les Russes sont arrivés le 5 novembre ; mais alors c'étaient des Anglais qu'ils avaient devant eux, et ils savent qu'ils ne pourraient jouer la même partie devant des Français.

Il n'y a donc pas de probabilités qu'ils nous attaquent et, s'ils étaient assez téméraires pour cela, ils seraient tous successivement fusillés à bout portant, sans qu'un seul parvînt sur le plateau, et sans qu'ils pussent nous tirer un coup de fusil.

A l'extrême droite, au contraire, c'est nous qui semblons songer à l'offensive. Nous avons, là, trois divisions qui font des routes pour passer de la vallée de Baïdar dans celle de la Belbek.

Cette démonstration de ce côté, ainsi que le transport à Eupatoria des Turcs et de la division de cavalerie d'Allonville, peuvent inquiéter les Russes, en ce sens que ces deux corps d'armée, venant à se donner la main à Simféropol, enfermeraient l'ennemi dans un cercle d'où il aurait de la peine à sortir.

D'ici à un mois tout sera décidé, car, au commencement de novembre, il ne faut plus songer à marcher dans ce pays, et si nous ne sommes pas parvenus à chasser les Russes, nous devrons nous résoudre à passer encore l'hiver ici.

Je n'ai pas eu le courage d'écrire à la pauvre famille Violland; mais je suppose que vous leur avez lu tous les passages de mes lettres relatifs à Émile, et je n'ai pas d'autres détails à y ajouter.

Le frère de Dumas va de mieux en mieux; mais il n'en est pas de même de son voisin, un capitaine de notre état-major qui avait été officier d'ordonnance du général Brunet. Il a reçu, le 8, une balle dans la tête; on a cru d'abord que ce n'était rien, lorsqu'ensuite des accidents se sont déclarés, et avant-hier on a été obligé de le trépaner. Mais déjà il avait un dépôt au cerveau, et on a dû ouvrir la membrane qui l'enveloppe. Depuis cette opération, le patient n'a pas donné signe de vie, et on le regarde comme perdu.

Il fera le quatrième mort, de huit que nous étions ensemble dans le principe.

Comme je comprends vos angoisses et celles de Marie; car, à l'heure qu'il est, vous n'avez pas encore reçu la lettre que je vous ai écrite après la prise de Sébastopol.

Tout à vous.

H. Loizillon.

XLVI

Camp d'Inkermann, le 29 septembre 1855.

Mes chers parents,

Le courrier ayant subi un retard de trois jours, je viens seulement de recevoir votre lettre du 12 septembre.

Malgré ce retard, j'aurais tort de me plaindre, car je n'ai rien perdu pour attendre, puisque vous êtes tranquilles, me croyant toujours sur la Tchernaïa, et n'ayant pas pris part à l'assaut.

Vous aurez ainsi évité toutes les angoisses par lesquelles ont passé un si grand nombre de familles, et vous n'aurez connu les dangers que j'ai courus qu'après avoir appris que j'y avais échappé.

Pour ne pas troubler votre tranquillité, j'ai l'espoir que mon père, à ma prière, a conservé jusqu'à l'arrivée du second courrier, la lettre que je vous ai écrite le matin de l'assaut. — Cette lettre, ainsi que celle du pauvre Émile Violland, avaient pour but de préparer nos familles à un malheur qui n'était que trop probable. Émile est mort précisément le jour où vous avez eu à dîner ses sœurs avec M. Charles Didier.

Je vous remercie sincèrement d'avoir écrit à D., son frère est tout à fait bien, et il va être évacué sur France ces jours-ci. — Le pauvre garçon est tout désolé de ne pas être décoré. Avec son exagération habituelle, il crie à l'injustice, et cependant il dit lui-même qu'il n'a été que sept fois à la tranchée, et encore dans une batterie où l'on est parfaitement à l'abri derrière de forts parapets, tandis que les tranchées avancées n'étaient pour ainsi dire que de la dentelle qui se laissait traverser même par la mitraille.

Il est possible que si je n'avais pas été décoré, je ne raisonnerais pas comme je le fais, mais je trouve que lorsqu'on est sorti sain et sauf d'une pareille boucherie, on est, par cela même, suffisamment récompensé.

Notre position est toujours la même.

L'armée occupe une ligne de bataille de cinq à six lieues.

On ne sait ni ce que l'on fera, ni ce que les Russes deviennent. — Cependant un déserteur russe, qui est venu se rendre à un de nos postes, et que j'ai interrogé, m'a assuré que toute la cavalerie, l'artillerie et deux divisions d'infanterie, s'étaient mises en route pour évacuer la Crimée et se rendre à Nicolaïew. J'ai peine à croire à une évacuation aussi prématurée, car, à mon avis, rien ne les force à se retirer, et je crains bien, quoiqu'on dise, que nous ne passions encore l'hiver ici.

Adieu, ne m'oubliez auprès d'aucun de nos amis.

H. Loizillon.

XLVII

Camp d'Inkermann, le 2 octobre 1855.

.   .   .   .

.   .   .   .

Notre position est toujours la même, cependant il est à peu près certain que les Russes évacuent la Crimée.

Il y a quelques jours le général d'Allonville a eu à Eupatoria un joli succès que vous connaissez déjà sans doute.

Il a pris une batterie d'artillerie, tué cent hommes et fait cent quatre-vingts prisonniers.

Ce succès nous a alléchés, et en ce moment on prépare une autre expédition. Deux régiments français avec deux régiments anglais, vont s'embarquer sous les ordres du général Bazaine. — Les bombardes et les nouvelles batteries flottantes arrivées dernièrement, feront partie de l'expédition qui, probablement, est dirigée sur Odessa. — On dit que c'est le genre de guerre adopté, et que nous allons ainsi rayonner tout autour de la Crimée sur les côtes russes, et tout détruire.

Quant à nous, nous gardons Inkermann, et il n'y a guère de chance pour que nous fassions partie d'aucune expédition.

Tout à vous.

H. L.

XLVIII

Camp d'Inkermann, le 6 octobre 1855.

Ma bonne mère,

C'est à toi que j'écris particulièrement aujourd'hui parce que je suis sous la vive impression d'une lettre que j'ai reçue de la mère de mon pauvre ami B., emporté par le choléra à la .fin de juillet. Cette mort dont je vous ai alors entretenus, m'a causé, tu t'en souviens, un très grand chagrin.

J'avais écrit à cette pauvre femme, et elle me répond par une lettre qui exprime si bien sa douleur et ses regrets, que je la conserve pour te la montrer si jamais je rentre en France.

Tu t'associeras, j'en suis sûr, aux sentiments d'une mère pleurant son fils.

L'expression de sa peine est si vraie, si profondément sentie que j'en suis navré.

Je comprends d'autant mieux son désespoir que je me figure celui que tu aurais éprouvé à la nouvelle de ma mort, toi, ma bonne mère, qui malgré tes fréquentes migraines et ton peu de goût pour la correspondance n'as pas manqué pour un seul courrier de m'envoyer de longues pages, dont la lecture est mon plus grand bonheur depuis bientôt un an.

Ces continuelles preuves de ton affection, jointes aux autres si nombreuses que tu m'as prodiguées depuis que j'existe, ne peuvent augmenter ma reconnaissance, car tu possèdes tout ce que le cœur d'un fils peut donner d'amour à sa mère.

Remercions la Providence d'avoir bien voulu, jusqu'à présent, me conserver à ta tendresse, car peut-être y avais-tu moins de droits que la mère de mon pauvre ami : veuve, elle n'avait que deux fils dont l'un la comblait de bonheurs et de satisfactions, autant que l'autre l'abreuvait de peines, de chagrins et d'inquiétudes, et c'est celui qu'elle remerciait Dieu, chaque jour, de lui avoir donné, qu'elle a perdu !... — Son seul espoir est de mourir bientôt pour aller le rejoindre.

J'ai voulu répondre tout de suite à cette malheureuse mère, et lui envoyer deux petites fleurs que j'ai cueillies sur la tombe de son fils.

C'est sous l'influence de pareils souvenirs qu'on sent combien la guerre est une triste chose : au milieu de l'excitation de la bataille, et avec la tension d'esprit qui en résulte, on n'en comprend pas d'abord toute l'horreur; on voit pendant l'action tomber chacun autour de soi sans y attacher plus d'importance qu'à sa propre vie.

Mais c'est plus tard, quand, en imagination, toutes ces scènes repassent devant nos yeux, avec le cortège de tant d'amis tombés victimes de leur dévouement et de leur courage, que nous sentons le vide et les regrets qu'ils nous laissent.

Dans cette disposition d'esprit je partage plus que

jamais la douleur de la famille V., d'autant plus que je m'étais attaché à ce pauvre Émile dont le fond était excellent. Il ne péchait que par une mauvaise enveloppe qui tendait de jour en jour à disparaître.

Je suis bien heureux, je te l'ai déjà dit, ma bonne mère, que tu m'aies cru sur la Tchernaïa : Marie, qui partageait ta quiétude, a été détrompée en arrivant à Paris, d'où elle m'écrit une lettre pleine d'angoisse.

Vous êtes maintenant tous rassurés, Dieu merci ! et le plus gros est fait, surtout pour ma division qui, à notre grand déplaisir, n'a plus la moindre chance d'expéditionner. — Ce n'est pas sans beaucoup d'ennuis que nous entrevoyons la perspective de passer encore l'hiver sous la tente.

Déjà nous avons reçu l'ordre de prendre nos mesures.

Hier, j'ai été reconnaître l'endroit où nous devons installer des bûcherons pour nous faire du bois ; ils vont commencer à travailler.

A partir de demain aussi, nous enverrons nos mulets à Sébastopol pour y chercher les planches qui n'ont pas été brûlées, et en faire des abris pour nos chevaux.

En résumé, nous nous préparons à nous ennuyer ferme cet hiver. Il ne saurait en être autrement pour des troupes condamnées, d'une part, à l'inaction et qui, de l'autre, ne vivront plus sous le coup des fatigues du siège.

Je compte sur vos lettres pour m'aider à prendre patience.

Je t'embrasse, ma bonne mère, avec toute la tendresse possible.

H. LOIZILLON.

XLIX

Camp d'Inkermann, le 12 octobre 1855.

Mes chers parents,

La lecture de votre lettre vient de me procurer l'heure la plus heureuse que j'aie jamais vécue.

Hier, jeudi, était le jour du courrier, et ma bonne Marie m'avait écrit une longue lettre dans laquelle elle me dépeint toutes les angoisses par lesquelles elle a passé. Cette lettre est tellement affectueuse et accuse si bien, dans les moindres détails, les sentiments d'une inquiétude chérie, l'état d'âme où je serais moi-même si Marie courait le moindre danger, que j'ai employé toute ma soirée à la lire et à la relire, et que j'ai voulu m'endormir avec elle, la tenant dans ma main.

Je n'avais rien reçu de vous, mais je ne m'en suis pas tourmenté, car Marie ne me faisait pressentir aucune mauvaise nouvelle, et j'ai simplement rendu la poste responsable de ce retard. Bien m'en a pris, puisqu'en rentrant ce soir au camp, j'ai trouvé votre lettre.

Nous avons été, dans la journée, poser la tombe de

notre pauvre ami Brethous, dont je vous ai tant parlé, et les émotions qui nous ont assaillis, en rendant ce dernier hommage à la mémoire de notre digne camarade, avaient disposé mon cœur mieux encore que d'habitude, à sentir et à recevoir toutes les marques d'amour dont ces pages sont remplies.

Que je suis heureux, ma bonne mère, que tu m'aies cru sur la Tchernaïa, et combien je remercie mon père de t'avoir caché ma lettre du 7 septembre, qui a tant impressionné notre bonne Marie. Je trouvais tout naturel d'avoir échappé à la mort; mais après avoir lu vos chères lettres, j'en remercie Dieu beaucoup mieux que je ne l'ai fait jusqu'à présent.

Depuis longtemps déjà vous savez que je suis décoré et, je vous ai dit que j'avais été beaucoup plus sensible aux félicitations de tous les officiers qu'à la croix elle-même. Mais je vous répète aussi que, si je suis heureux de cette distinction, c'est bien plus pour le plaisir que vous en ressentirez que pour moi-même.

J'ai comme un remords de me laisser aller à tout notre bonheur, quand je songe que dans une maison voisine de la vôtre, il y a une famille dans les larmes et en proie aux plus amers regrets. Sans cette longue distance qui nous sépare, le pauvre Émile aurait pu recevoir la bonne lettre de son père et de ses sœurs, ce qui eût certainement adouci ses derniers moments. Sa mort m'a été d'autant plus pénible que le malheureux enfant me témoignait une grande reconnaissance du peu que je faisais pour lui, sa lettre à ses parents en est une preuve touchante.

Je dois vous dire que j'ai déjà reçu une masse de lettres de félicitations pour la bonne chance qui m'a sauvegardé. Dans le nombre s'en trouve une de mon ami, plutôt que supérieur, le général Marion; cette lettre, comme toutes celles qu'il m'a écrites, est remplie de témoignages d'affection. Il est fier de moi, me dit-il, parce que le général Korte, qui était notre général de division à Versailles, lui a appris que j'avais commandé ma division pendant plus d'une heure. C'est mon bon ami Conegliano qui, cherchant toutes les occasions de me faire ressortir, avait écrit cela au chef d'état-major du général Korte et, du chef d'état-major, la lettre avait été jusqu'au général.

J'aurais bien désiré conserver mon chat pour vous le rapporter, d'autant plus qu'il était fort beau. Mais, malheureusement, lorsqu'il a été remis de ses fatigues, il s'est permis de sortir de ma tente pour aller se promener et, quatre ou cinq jours après, il a disparu.

Je crains bien que sa fin n'ait été funeste, et qu'il n'ait passé, sous forme de gibelotte dans l'estomac de quelques soldats.

Mes chevaux vont aussi bien que possible ; en ce moment, je leur fais construire une superbe écurie avec des planches venant de Sébastopol.

Nous prenons toutes nos mesures pour passer l'hiver ici, et nous faisons tous nos efforts pour nous y établir confortablement.

Tout ce que je vous ai dit est bien au-dessous de ce que je ressens, mais je compte que votre cœur devinera le mien. Je doute que vous puissiez me lire ; mais ce dont je suis certain, c'est que vous me croirez toujours votre Henri dévoué à tous.

H. LOIZILLON.

L

Camp d'Inkermann, le 20 octobre 1855.

. . . .

. . . .

Je vous en voudrais beaucoup de me laisser sans nouvelles, si j'en avais le courage, mais je ne puis vous dire à
quel point votre silence m'attriste.

Le 16 de ce mois, jour du départ du dernier courrier
par lequel j'ai écrit à Marie, j'ai fait un rêve dont le souvenir me poursuit encore et que j'allais lui raconter,
quand on est venu me donner l'ordre de monter à cheval
pour reconnaître notre position d'hiver. Quoique je sache
combien il est puéril d'attacher de l'importance à un
rêve, il n'en est pas moins vrai que celui que j'ai fait a
vivement frappé mon imagination, sans doute à cause de
sa coïncidence avec votre affligeant mutisme.

On a beau avoir vu la mort sous ses faces les moins
réjouissantes, on n'en est pas mieux armé contre la
superstition. Je crois même que l'effet contraire se produit et qu'au bout d'un certain temps de campagne, la
plupart des militaires deviennent superstitieux. Maints

exemples confirmeraient cette assertion ; mais, heureusement pour ces militaires, leur prescience ne va pas plus loin qu'eux-mêmes et ne s'étend pas jusqu'aux personnes aimées.

Cette dernière remarque contribue à me rassurer et, plus calme à présent, je vais attendre après-demain avec la conviction que le courrier de lundi m'apportera votre lettre.

Nous passons l'hiver ici, c'est décidé ; nous sommes en plein déménagement pour nous rendre sur la position qui nous est indiquée et qui est tout à fait le champ de bataille d'Inkermann.

Avec l'expérience que j'ai maintenant, je m'installerai bien mieux encore que l'hiver dernier, et je suis sûr qu'il n'y aura pas beaucoup d'officiers établis d'une manière plus confortable que moi.

Nous avons appris aujourd'hui l'issue de l'expédition de Kinburn. Il paraît que c'est un succès magnifique, comme combat, et nos pertes sont insignifiantes en comparaison du résultat obtenu. Nous avons conquis une position des plus importantes, qui nous permet de bloquer et de détruire les derniers vaisseaux russes, en même temps que ce sera aussi une ligne d'opérations pour la reprise des hostilités au printemps.

Je viens de recevoir un billet signé docteur R., me faisant connaître la présence de M. de C. au grand quartier général. Comme le docteur Beaudens est ici en inspection générale et qu'il connaît beaucoup Mme de C., je suppose qu'elle lui aura confié son fils. J'attends une nouvelle information, mon temps étant pris pour toute la journée.

Parlez-moi de la famille Violland, et dites-moi comment ils ont pris la mort d'Émile. Je crains toujours qu'ils n'en rejettent sur moi la responsabilité, pour avoir contribué au changement de corps de leur fils, et qu'ils ne me fassent supporter le poids de ce malheur.

Mais ne leur parlez pas de ceci, car en supposant que cette idée ne leur soit pas venue, vous contribueriez précisément à la leur donner.

Faites-leur tous mes compliments et surtout écrivez-moi si vous ne voulez pas que je me fâche.

H. LOIZILLON.

LI

Camp d'Inkermann, le 27 octobre 1855.

Mes chers parents,

On est venu nous réveiller à onze heures, alors que tout en dormant je songeais à vous, car j'avais reçu votre lettre du 10 octobre, étant déjà couché, et je l'avais lue deux fois avant de m'endormir.

La raison pour laquelle on nous a réveillés est toujours la même : une attaque imminente des Russes.

Nous sommes tellement blasés sur cette attaque imminente, que nous n'y faisons plus attention, et je suis convaincu, pour mon compte, que celle-ci se passera comme toutes les précédentes, c'est-à-dire à rester la nuit debout et que nous ne verrons pas le plus petit des Russes.

Il ne nous en a pas moins fallu nous lever, et je viens de faire une ronde aux embuscades avancées, pour recommander la plus grande surveillance et chercher à entendre le bruit d'une armée.

Je n'ai rien entendu du tout, et c'est après avoir rendu compte de ma ronde au général que je vous écris pour occuper mes loisirs et pouvoir un peu dormir quand le jour paraîtra.

J'ai aussi reçu une lettre de Marie en même temps que la vôtre. Elle me raconte dans les plus grands détails son voyage à O, et est enthousiasmée de l'accueil que lui a fait Mme de C. et surtout de l'intérêt qu'elle me porte. Elle m'a fait écrire deux fois par un de ses secrétaires qu'elle m'envoie une caisse de vin de Bourgogne pour m'aider à passer l'hiver. Le procédé est délicat et a bien son prix.

C'était le frère de Mme de C., M. B. C., et non son fils qui était au quartier général ; dans la crainte que je ne l'eusse oublié, il avait pris le nom de son neveu.

Après quelques fausses courses, nous avons fini par nous rencontrer et, hier, il est venu déjeuner avec moi. Le déjeuner a été magnifique ; il y avait une foule de plats, entre autres un turbot de la mer Noire, qui a une grande renommée.

Comme dessert, je l'ai conduit sur le champ de bataille d'Inkermann pour le lui expliquer. Au moment où nous rentrions, les Russes nous ont envoyé un boulet qui a passé au-dessus de nos têtes et est venu se ficher à cent pas devant nous. M. C. a été si heureux d'avoir entendu siffler un boulet, qu'à toute force il a voulu avoir le projectile qui s'était enfoncé et il a donné cinq francs à des soldats pour le retirer.

Mon ordonnance le lui a porté ce matin, et il va le rapporter en France.

Ce jeune C. a été très malade, et le docteur Beaudens, qui l'a soigné, a pensé qu'un voyage en Crimée achèverait sa guérison ; voilà comment il l'a emmené en qualité de secrétaire.

C'est un très gentil garçon, à qui je suis enchanté d'être

agréable. Il doit venir passer un ou deux jours dans ma tente pour que je lui fasse voir la vallée de Baïdar.

Décidément, ma bonne mère, l'appétit vient en mangeant, comme dit le proverbe. Je viens seulement d'être décoré et tu penses déjà à l'avancement. Mais tu ne sais donc pas qu'il y a ici une masse de capitaines qui ont dix et douze ans de grade, avec les mêmes titres que moi ? Tu vois donc que j'ai le temps d'attendre ; seulement, il est probable que dans cinq ou six mois je passerai de première classe, ce qui me vaudra quatre cents francs de plus.

Cet avancement se donne à l'ancienneté, il n'y a donc pas lieu de s'en prévaloir.

Je regrette de ne pas avoir à te raconter la cérémonie de la décoration ; mais il n'y en pas : on se met la croix sur la tunique et tout est dit.

J'en ai à revendre maintenant des croix ; Conégliano m'en avait déjà donné une ; j'en ai une autre, celle qui accompagnait ma nomination, et enfin deux autres petites, dans des lettres, de sorte que j'en ai plus que de vêtements.

Je pousse avec vigueur mon installation d'hiver, et quand tout sera terminé je n'aurai plus aucun droit à votre sollicitude ; vous n'aurez plus à craindre pour moi le mauvais temps, car sous ma tente double, je serai aussi bien à l'abri des intempéries que sous un toit.

Adieu, mes chers parents, écrivez-moi souvent, et croyez à l'affection tout entière de votre fils dévoué.

H. LOIZILLON.

LII

Camp d'Inkermann, le 3 novembre 1855.

Mon cher père,

C'est à toi seul que j'écris aujourd'hui, car depuis long-temps je suis tourmenté par le regret de ne pouvoir tenir les promesses que j'ai faites.

Lorsque je demandai à faire partie de l'armée d'Orient, j'avais chez tous mes fournisseurs un compte comme en a l'immense majorité des officiers. Au moment de mon départ, ce compte, bien loin de diminuer, n'a fait qu'augmenter, car mon entrée en campagne, de sept cents francs, était insuffisante pour me fournir de tout ce qui m'était nécessaire.

Au commencement de la campagne j'ai pu faire, par les raisons que je crois t'avoir déjà données, des économies qui m'ont permis d'acheter un cheval, sur lequel je dois cependant encore cent soixante francs, que mon ami Conegliano a bien voulu me prêter.

Malgré ma fierté naturelle, j'ai consenti à lui être redevable de cette somme, parce que, du jour où il me l'a prêtée, je lui ai remis entre les mains un bon de cent soixante francs qu'il devait toucher sur la vente de mon cheval et de mes effets s'il m'arrivait d'être tué. — J'espère, avec le peu d'économies que nous sommes à même de faire, finir par le rembourser de ses avances.

Si ma conscience et surtout ma *dignité* sont en repos de ce côté, il n'en est pas de même pour ce qui regarde mes fournisseurs, car, lors de mon départ, je leur ai fait des promesses que je me croyais en droit de faire, supposant qu'en campagne j'économiserais la moitié de mes appointements, et pourrais les en faire profiter.

Malheureusement, comme vous le savez, il n'en a pas été ainsi, et le résultat de mon illusion déçue est que je ne puis tenir les promesses faites.

Je suis si peu habitué à manquer à ma parole, qu'un rappel de la part d'un de ces fournisseurs serait pour moi une humiliation comme jamais je n'en ai supporté.

C'est pour éviter cette humiliation que je m'adresse à toi, afin que tu donnes aux personnes auxquelles je dois, ce que je croyais pouvoir leur promettre.

J'avais pris mes mesures sur cinquante francs par mois que je devais faire parvenir à M. D., à qui j'avais laissé le compte de mes dettes.

Si, par ta position financière, tu peux fournir cette somme jusqu'à ce que, par un changement quelconque de fortune, je puisse le faire moi-même, tu m'enlèveras une pensée cruelle qui bien souvent trouble mon sommeil.

Je n'ai pas voulu encore m'adresser à ma bonne sœur, car je sais qu'elle aurait tout fait pour vous éviter le chagrin de savoir que j'ai des dettes.

Je ne pouvais accepter son dévouement, et je dois naturellement m'adresser à vous, car, dans le cas où j'aurais été tué, ce qui peut encore arriver au printemps prochain, je vous connais assez pour savoir que vous auriez fait honneur à notre nom et que vous n'auriez pas voulu que la mémoire de votre fils fût entachée pour une somme qu'à la rigueur vous pouvez payer.

Il m'en coûte beaucoup de venir troubler votre tranquillité, et vous faire des aveux qui vous inquiéteront.

Je dois cependant vous dire que jamais dans ma conduite, il n'y a eu manque de respect de moi-même et que ce sont les circonstances seules qui m'ont fait contracter des engagements auxquels je ne puis faire face, et qui s'élèvent à environ mille francs.

Cette somme est énorme pour notre modeste fortune, et j'aurais certainement dû toujours me rappeler vos sacrifices pour mon instruction.

Mais j'avais un caractère généreux que je tenais de vous, et qui m'a souvent entraîné à des dépenses que je ne pouvais faire.

Je ne veux pas par là me disculper d'avoir des dettes, mais atténuer ce mot *dette* qui sonne si mal aux oreilles de bons parents.

Je suis maintenant d'un âge où prennent fin toutes ces erreurs de jeunesse, qu'il n'est pas trop cher de payer à intérêts composés par l'expérience qu'on y gagne.

Je te connais assez, mon bon père, pour savoir que si tu peux faire ce que je te demande, tu le feras.

Mais je sais aussi que tu as des obligations dont je suis la seule cause, et qui doivent passer avant les miennes. C'est te dire que si tu ne peux satisfaire à ma demande, tu ne dois pas craindre de me le déclarer; seulement je te prie alors de me répondre à ce sujet, afin que je prenne avec mes fournisseurs d'autres arrangements que ceux dont nous étions convenus.

Après cet aveu qui me pesait plus que je ne saurais dire, je vais te parler un peu de moi.

Nous sommes toujours dans la même position, et nous prenons nos mesures pour passer l'hiver le mieux possible.

Je n'aime pas — et c'est précisément un trait de mon caractère dépensier — à employer des soldats *pour mon compte* sans les payer. Grâce à ce système, je vais être le premier et le mieux organisé de notre état-major : j'aurai une écurie toute maçonnée, très bien couverte en planches, où mes chevaux seront tout à fait comme en France, et pour moi, une tente creusée avec une cheminée.

Tous mes travaux me reviendront à cinquante ou soixante francs; mais je serai tranquille sur mes chevaux, et j'aurai pour moi-même une installation qui me permettra de travailler.

C'est dans cette pensée que je me suis déjà procuré un certain nombre d'ouvrages sérieux pour combattre la monotonie de l'hiver et l'ennui de l'inaction.

Quoique ma lettre soit datée du 3, je vous écris le 2 au soir, à côté du jeune C., couché et dormant. Il est venu passer la nuit dernière sous ma tente, et aujourd'hui je lui ai fait faire vingt-une lieues à cheval, aller et retour, bien entendu, pour aller visiter la vallée de Baïdar et le col de Fauros. Aussi est-il sur les dents et dort-il comme une marmotte. Ce gentil garçon est enchanté de mon accueil et ne jure plus que par moi.

Il doit retourner en France, avec le docteur Beaudens, dans une dizaine de jours.

Le dernier courrier m'a apporté une lettre de Marie; elle m'écrit d'Arras, où, dit-elle, elle se trouve bien triste à l'hôtel. Du reste, elle est on ne peut mieux disposée à prendre son parti en brave et à se mettre au-dessus des

petites misères de la vie. Ces petites misères, de quelque
côté qu'elles viennent et quelle que soit la manière dont
elles nous affectent, sont peu de chose en comparaison
des grandes douleurs résultant de la guerre d'Orient. —
Aussi je vous assure que j'ai assisté hier à la messe de
la *Toussaint* avec une grande componction et que, tout
en remerciant Dieu de nous avoir conservés, avec l'espoir
de nous trouver encore réunis tous les quatre, je n'en
songeais pas moins à tous mes bons camarades morts, à
leurs familles, à cet excellent général Brunet et à ce
pauvre Émile, que je regrette toujours, parce que je suis
sûr qu'à la manière dont il marchait, il aurait encore eu
devant lui un bel avenir.

Tout à vous.

H. LOIZILLON.

LIII

Camp d'Inkermann, le 9 novembre 1855.

Mes chers parents,

Ma lettre va vous paraître bien insignifiante, car je n'ai aujourd'hui rien de particulier à vous dire, si ce n'est que j'ai dîné chez le docteur Beaudens. Ce haut bonnet de la science m'a envoyé une invitation fort gracieuse et m'a comblé de toutes sortes d'égards. Je ne me fais pas illusion, tout cela ne s'adressait point à moi, mais bien au frère de Mme de C. Je ne suis pas moins reconnaissant à M. Beaudens de son empressement et de son affabilité, et je le lui ai témoigné avec chaleur.

Quant au jeune C., il raffole de toute notre popotte autant que de moi; la dernière fois qu'il a déjeuné ici, il a voulu emporter l'assiette en fer battu dans laquelle il a mangé son dessert.

En échange, il prétend envoyer de Constantinople, quand il y repassera, un service complet de porcelaine. J'ai eu beau le dissuader de cette coûteuse attention, il n'y a pas eu moyen, de sorte qu'un de ces jours nous allons nous offrir le luxe d'abandonner notre vaisselle plate.

Je suis désolé que ma lettre au sujet de la mère de Brethous vous ait si fort émus. J'étais alors sous l'impression de si douloureux regrets qu'il n'est pas étonnant que je vous l'aie laissé voir. Mais rassurez-vous : on se blase un peu en Crimée, et les émotions tristes n'y durent pas longtemps, dissipées qu'elles sont par l'activité et les incidents journaliers de la vie militaire.

Nous continuons à nous occuper de notre installation d'hiver; notre écurie est terminée, nos chevaux l'occupent déjà, et s'ils se souviennent de l'hiver dernier ils doivent s'estimer fort heureux.

Ma tente avance aussi très vite, et j'espère que dans trois ou quatre jours elle sera finie. Je pousse les travaux autant que je peux; bien que le temps continue à être très beau, je crains toujours la pluie, qui m'arrêterait court.

Si je parviens à être prêt avant le mauvais temps, je défie l'hiver, quelle que soit sa rigueur.

Je ne crains pas non plus l'ennui, car j'ai déjà fait de fort beaux plans que je compte bien mettre à exécution.

Nous avons dans la vallée de Baïdar une division avancée. — Le gibier abonde autour d'elle, et comme j'y ai beaucoup de camarades, j'irai m'établir chez eux pendant quelques jours, et me livrerai au plaisir de la chasse.

De plus, dans mes pérégrinations, j'ai découvert une bande d'une centaines de chevaux sauvages qui se tiennent dans une petite gorge, isolée au milieu des bois, et que je crois connue de moi seul. Je suppose que ces chevaux faisaient partie de ceux que les Russes ont laissés s'échapper il y a environ un an, et dont une centaine se sont rendus dans nos camps. Ces chevaux sont restés cachés entre les avant-postes des deux armées et ont repris les mœurs sauvages; ils se réunissent en un seul peloton aussitôt qu'ils aperçoivent un homme et prennent la fuite.

Les poulains, car il y en a aussi, sont au centre.

Vous voyez que j'aurai le luxe d'une chasse des plus intéressantes.

Il est probable que je ne prendrai aucun de ces chevaux, mais j'aurai du moins l'agrément de les voir, et d'étudier leurs habitudes et leurs manœuvres.

On a fait le partage des dons nationaux, et il m'a été attribué un vêtement qui me sera très utile pour toutes mes courses.

C'est un paletot en peau de bique, assez bien conditionné. Je suis très content de mon lot, et c'est la première fois que les dons nationaux m'auront été de quelque utilité, car tout ce que nous avons reçu jusqu'ici : comestibles, liquides ou cigares, tout était tellement mauvais que nous n'en avons rien pu faire.

Quand vous recevrez cettre lettre, la Garde sera sur le point de rentrer en France. J'espère qu'elle va en avoir des fêtes et des triomphes sur sa route, de Marseille à Paris! Ce départ de la Garde fait penser au retour, et beaucoup d'officiers y aspirent. Quant à moi, vous ne doutez pas de la joie que j'aurais à vous revoir; je vous assure néanmoins que je suis enchanté de la perspective de mon hiver en Crimée, et que j'attendrai, sans la moindre impatience, le printemps pour la reprise des hostilités.

Le général Lafont me félicite de ma décoration dans une lettre charmante.

On m'annonce aussi, des Messageries de Marseille, que

le vin de Mme de C... a été embarqué sur le *Gange*. Ainsi il ne tardera pas à arriver à Kamiesch. C'est encore un préservatif contre l'ennui de l'hiver, et cela doit vous rassurer.

Envoyez, je vous prie, ma lettre à Marie, car je crains de ne pouvoir lui écrire; nous faisons maintenant tous les soirs le whist du colonel, et il n'y a plus moyen de s'occuper de correspondance après le dîner.

Tout à vous.

H. Loizillon.

LIV

Camp d'Inkermann, le 16 novembre 1855.

Mes chers parents,

Je me plaignais dans ma dernière lettre de n'avoir rien d'intéressant à vous raconter. Si par intéressant j'entendais du tragique, j'aurais aujourd'hui de quoi écrire de longues pages, car j'ai été témoin de l'explosion du parc de réserve.

J'étais occupé à faire dresser ma tente sur le trou qui avait été creusé pour la recevoir, quand tout à coup une commotion semblable à celle que j'avais ressentie à l'explosion du Mamelon-Vert nous renverse, et ensuite une pluie de pierres et d'éclats de bombes et d'obus tombe sur notre camp, qui est à plus de cinq cents mètres de l'endroit où a eu lieu l'explosion.

C'est un affreux malheur dont on ignore encore les causes.

On suppose que le feu a pris dans l'atelier où on chargeait les projectiles creux; mais ceux qui pourraient donner des renseignements n'existent plus, et on est réduit aux conjectures. Ce qu'il y a de certain, c'est qu'il y avait plus de deux cent mille kilogrammes de poudre, une énorme quantité de projectiles creux chargés, et que toutes ces détonations partielles se sont confondues en une seule qui a été terrible (1).

Notre baraque de bureau est renversée, mon écurie détruite en partie et la couverture enlevée : nos chevaux heureusement étaient dehors, attachés au piquet.

Le général signait dans sa tente les pièces que lui apportait le chef d'état-major, quand une grosse pierre est venue crever la toile. — Personne n'a été touché.

D'après ces dégâts, vous pouvez juger ce qu'ont dû être ceux qui se sont produits dans les camps qui entouraient le parc.

D'abord, de tout ce qui se trouvait dans l'enceinte, il n'est rien resté : munitions, affûts, tout a sauté ou brûlé; le personnel a péri presque entièrement. Il n'y a que quelques hommes qui ont pu s'échapper, encore sont-ils blessés ou contusionnés.

Notre ambulance et notre magasin de vivres ne forment plus qu'une masse de débris; il en est de même des batteries d'artillerie qui étaient autour du parc.

Par bonheur l'explosion a eu lieu à trois heures après-midi, juste au moment où les chevaux et les hommes étaient à l'abreuvoir, et ce n'est qu'à cette circonstance qu'ils doivent de n'avoir pas tous été hachés.

Le petit village de marchands qui entoure le moulin a aussi été renversé, et le feu s'y est mis, ce qui a donné la crainte pendant plus d'une heure que cet affreux sinistre ne fût rien en comparaison de ce qui pouvait arriver à

(1) Il s'agit de l'explosion du parc du Moulin (15 novembre). Lire dans Camille Rousset le dramatique récit de cette catastrophe, d'après M. le colonel Langlois (*Guerre de Crimée*, p. 434, T. II) (*Note de l'Éditeur.*)

chaque seconde, car à cent mètre du parc se trouve le moulin d'Inkermann, un ancien moulin à vent fait en forte maçonnerie, et qui est le dépôt de toutes les poudres anglaises.

Il suffisait qu'un de ces projectiles, bombes ou obus qui obscurcissaient l'air, vînt à tomber sur le toit du moulin pour y mettre le feu. — Alors c'eût été horrible !

A la suite de l'explosion, le général a aussitôt fait prendre dans notre division une corvée que j'ai conduite pour circonscrire l'incendie qui s'était déclaré : les Anglais ont en même temps couvert le toit du moulin de toiles et de couvertures mouillées, et malgré toutes ces précautions, nous avons été bien heureux que le moulin n'ait pas sauté.

On estime les pertes à plusieurs millions, qui ne sont rien en comparaison de la perte des hommes, que l'on évalue à deux cents.

Ce matin, je voyais relever tous ces malheureux dans l'intérieur du parc ; on ne peut imaginer rien de plus horrible ; des blessures atroces, des corps mutilés, carbonisés et racornis par l'effet du feu qui a suivi l'explosion.

Ces pertes ont principalement porté sur l'artillerie. Le commandant du parc, M. Danières n'a pu être reconnu au milieu de ces cadavres informes ; le seul indice qui ait signalé ses restes est un bouton d'officier trouvé à l'endroit où ils ont été relevés.

Les camps de notre division étaient trop éloignés pour être atteints. Nous avons eu cependant une vingtaine d'hommes de garde au moulin qui ont été tués.

Au moment de l'explosion, les Russes ont poussé des hourrahs, et ont fait feu de toutes leurs pièces sur Sébastopol. Ils ne nous ont tué qu'un seul homme qui est le capitaine d'artillerie Corbin.

Toute la nuit nous sommes restés sous les armes, dans la crainte d'une attaque, d'autant plus qu'il paraît certain que l'Empereur de Russie est à Mackensie. — Mais malheureusement ils ne sont pas assez fous pour venir nous attaquer.

Cet épouvantable malheur nous a tous mis dans un tel émoi, que je n'ai pu écrire à Marie. Rassurez-la.

Je vous remercie de l'importance que vous attachez à mes lettres, et vous renouvelle l'assurance que nous sommes très satisfaits. Notre état-major passe pour être le plus uni de toute l'armée, et notre chef d'état-major est un homme charmant.

Quant au général, il était tellement naturel que nous allions le voir pendant qu'il était blessé, que je n'ai pas pensé à vous en parler. Mais soyez bien tranquilles, mon intention est toujours de faire tout ce que je peux et tout ce que je dois.

Votre fils dévoué.

H. Loizillon.

LV

Camp d'Inkermann, le 23 novembre 1855.

Mes chers parents,

Il souffle un vent du nord, très aigre, et la cheminée est à peine commencée dans le compartiment de notre baraque réservé comme salle à manger; aussi nous avons eu tellement froid pendant le dîner qu'on a dépêché le repas et que chacun a eu hâte de rentrer dans ses pénates, pour ne pas dire sa tente.

Quant à moi, j'ai trouvé le contraste d'autant plus agréable que j'étrennais ma tente d'hiver, terminée seulement ce soir, ce qui fait que je vous écris devant un bon feu, près d'une cheminée qui ne fume pas, ce qui est rare en France, et plus encore en Crimée.

Je dois dire, modestie à part, que si je suis bien organisé pour passer l'hiver, c'est à moi que je le dois.

J'ai été l'ingénieur de tous mes travaux.

Seulement j'ai eu un tort, c'est de ne pas avoir eu assez de confiance dans ma main-d'œuvre; j'ai employé pendant quatre jours deux menuisiers qui ne l'étaient que de nom, et que je payais à raison de un franc par jour. Ces menuisiers ne travaillant pas selon mes désirs, et surtout selon mon impatience, m'ont forcé à me mêler activement de la chose; je les ai renvoyés et, le rabot en main, je me suis fais une tente qui est citée comme un modèle. Vous le comprendrez quand je vous dirai que je suis dans un cercle de six mètres de diamètre, sur la circonférence duquel s'élève un mur de un mètre cinquante. Ce mur ne dépasse le sol que de cinquante centimètres, car ma tente a été creusée de un mètre. Sur ce mur repose ma tente turque, dont j'ai supprimé le pilier central que j'ai remplacé par un trépied. J'ai ainsi toute la circonférence libre, et je dispose certainement de plus d'espace que n'en offrait ma chambrette de l'école d'état-major, partagée avec Beaugeois. En résumé sous ma tente *double*, je serai tout aussi bien, *matériellement parlant*, que dans ma belle chambre de Bitche.

A la guerre tout est bon.

Je ne sais si vous vous rappelez notre propriétaire de Longwy, M. G..., et son tour dont je me suis servi quelquefois. Cette première étude du travail du bois m'a été fort utile, et m'a surtout beaucoup amusé. Tous ces Messieurs sont amoureux de ma porte vitrée, une vraie porte, avec des escaliers en pierre de taille pour descendre dans la tente, et me demandent de leur en faire de pareilles.

Outre le plaisir que j'éprouve à obliger, j'en prendrai un plus égoïste à satisfaire à ces demandes. Ma bonne mère en sait quelque chose, elle qui n'a point oublié sans doute la passion que j'ai toujours eue pour raboter ou *crabosser*, selon l'expression lorraine qu'elle employait quand je faisais de petites voitures à Strasbourg.

Après l'exécution de toutes mes commandes, je me

ferai un plancher qui, reposant sur le rocher dans lequel ma tente a été creusée, me donnera le droit de croire que je suis tout aussi bien logé que vous. — Ce que je vous dis ici est l'exacte vérité, et je vous assure que vous perdriez votre temps si vous vous figuriez que je suis à plaindre, car, pour ce qui est du confortable, nous en avons autant que nous pourrions en avoir en France.

Quand je suis venu vous faire mes adieux au moment de mon départ pour la Crimée, vous devez vous rappeler que j'avais grande confiance dans ma santé et ma constitution, pour résister à la fatigue. Cette confiance a été justifiée jusqu'à présent, et j'espère que l'avenir continuera à me donner raison.

C'est vous dire que je me porte bien, comme toujours, et que je compte mettre à exécution les projets de chasse aux chevaux sauvages et autres animaux, comestibles ou non, dont je vous entretenais dans mes dernières lettres.

Seulement je tâcherai de ne pas avoir le sort du colonel Brayer et de son adjudant-major qui, allant se promener précisément du côté où sont mes chevaux sauvages, ont été pris et faits prisonniers par les Cosaques.

Il paraît qu'à Kinburn trois officiers de marine, et trois officiers d'infanterie se sont aussi fait prendre. Un tel sort ne me sera jamais réservé, parce que j'ai de bons chevaux et aussi parce que je suis prudent.

Le frère de Mme de C... est toujours en Crimée; il m'annonce son départ fixé à mardi prochain. Demain je dois aller le chercher pour déjeuner avec nous, attendu que nous avons des invités d'importance et que nous donnons un festin de Balthasar. Comme je vous l'ai dit plusieurs fois, ce jeune homme a pris de moi une très haute opinion qu'il cherche à faire partager à sa famille; je crains même que son zèle ne force un peu la note.

A propos de zèle intempestif, j'ai appris, à ma grande contrariété, qu'un journal de Metz, *le Vœu National*, avait parlé de moi au sujet de l'assaut de Sébastopel. Je ne sais qui a pu fournir les détails, que j'ignore du reste, pour la rédaction de cet article ; mais en tout cas, je sais fort mauvais gré à ce quelqu'un, car il n'y a rien que je déteste plus que toutes ces petites réclames.

Si je m'exprime ainsi, *à-priori*, c'est que je sais que vous partagez mon opinion, et que je suis convaincu à l'avance que cet article n'émane d'aucune indiscrétion de votre part, puisqu'il a été convenu, entre nous une fois pour toutes, que tout ce qui me regarde et que je vous raconte, ne devait pas sortir de la famille.

Il est minuit, car nous avons fait le whist de notre chef d'état-major avec lequel nous sommes *tous très camarades*, de sorte que je vais être encore bien en retard dans ma correspondance par ce courrier.

Enfin !

Continuez à aimer comme vous le faites votre fils qui vous aime tant.

H. L.

LVI

Camp d'Inkermann, le 1er décembre 1855.

Ma chère et bonne sœur,

C'est précisément parce que je me méfiais de toi que j'ai fait connaître officiellement à mon père ma position, dont il devait certainement se douter. Je ne veux pas, ma pauvre sœur, que tu uses à payer mes dettes les économies que tu as si péniblement faites. Laisse-moi jouir avec toi de ta position actuelle et surtout ne vas pas les semer sur la tête de mes créanciers; j'ai déjà bien assez écorné ton avoir sans vouloir de nouveau y enlever quelque chose. Je trouve qu'il est plus digne et plus rationnel d'exposer ma situation à mon père, qui est en mesure d'y faire face. Je crois le connaître assez pour être certain qu'il s'exécutera, comme on dit en style de bourse. Ainsi encore une fois ne vas pas livrer tes petites économies à mes créanciers. Ce que je te dis là n'est point par une délicatesse mal placée ou un refus d'avoir recours à toi. J'espère que, comme moi, tu apprécies trop l'amour fraternel qui nous unit et dont je suis si fier pour me faire un tel reproche.

Ici on doit s'attendre à la mort; c'est pourquoi depuis que je suis en Crimée, j'ai une lettre toujours prête a être envoyée à mes parents dans le cas où je passerais de vie à trépas. Dans cette lettre, ma position financière est parfaitement expliquée, et je suis sûr que mon père satisferait à mes dernières volontés.

Il faut espérer, pour le bonheur de notre chère petite famille, que les éventualités que je prévois ne se produiront point et que les cinquante francs par mois que je demande à mon père répondront à toutes les exigences. C'est pourquoi je te défends, *je te défends, entends-tu bien* (j'ai le droit de te parler ainsi, ton assimilation n'étant point encore celle de capitaine), d'envoyer deux cents francs à M. D... Conserve toutes tes ressources pour te rendre indépendante et vivre à ta guise.

Cette dernière phrase termine toutes ces affreuses questions d'argent dont ma lettre d'aujourd'hui est remplie; j'espère que les prochaines ne traiteront plus un sujet aussi déplaisant et que nous serons laissés tout entiers à l'expansion de nos sentiments beaucoup moins terre à terre.

Ce que tu me dis de tes tournées m'intéresse on ne peut plus vivement. Continue, je t'en prie, à m'envoyer l'itinéraire de tes voyages afin que je te suive. Je suis bien heureux de tes succès qui ne m'étonnent pas; je te connais assez pour être convaincu que tu les mérites. Je sais que ton plus grand bonheur est d'être utile aux autres et que tu apportes au service de la cause que tu sers tout ce que tu possèdes de cœur et d'intelligence. Aussi, combien je suis fier de ma sœur!

Pendant que je me laisse aller au plaisir de t'écrire, le temps s'est déchaîné; la neige et la grêle tombent à l'envi sur ma tente, et le vent est si fort qu'il l'ébranlerait si elle n'était solidement fixée. Je n'en sens que mieux l'agrément d'être bien commodément installé devant un bon feu et de laisser courir mon imagination à sa fantaisie. Elle évoque le souvenir de certains romans qui commencent ainsi : « C'était par une soirée pluvieuse et froide du mois de novembre; nous étions au coin d'une de ces énormes cheminées du moyen âge où brûlaient des arbres tout entiers. La pluie et la neige frappaient les vitres, etc., etc. », et je me dis que quelque jour un romancier avisé voudra aussi célébrer les plaisirs du coin du feu sous la tente.

Le contraste de mon bien-être avec la rage du dehors est un vrai délice que tu dois comprendre et que je sens vivement.

Tout ce qui me regarde t'intéresse, je le sais; je te dirai donc que je travaille sans cesse pour échapper à l'ennui et que je varie mes travaux. Le jour je fais de la menuiserie; j'ai dans ma tente un petit établi et je fabrique des bancs et des chaises; bientôt je me donnerai le luxe d'un canapé et d'un fauteuil. Toutefois malgré la haute opinion que je puis avoir de mon talent, je ne te souhaite pas de pareils meubles dans ta chambre.

Le soir je travaille plus sérieusement : j'étudie l'anatomie à l'aide d'un cours que m'a prêté mon ami Boudier.

Il était chirurgien au 72e de ligne quand je l'ai connu, et depuis nous ne nous sommes jamais perdus de vue. Il est maintenant chef d'une ambulance à deux lieues de moi, et je le vois très souvent. Il a une probité en toutes choses et un sentiment élevé du devoir qui m'ont toujours frappé; c'est l'honnête homme par excellence, et je suis bien heureux de l'amitié qu'il m'a vouée, malgré la différence de nos âges.

Il veut à toute force continuer mon instruction anatomique sur des cadavres. Quoique j'aie été témoin de beaucoup de scènes affreuses, je n'ose me rendre à son désir, craignant que le cœur me manque devant le spectacle de la mort vue de sang-froid. Cependant j'essayerai : lundi je dois me rendre chez lui à cet effet, pour toute une semaine, et je ferai effort pour mettre ma sensibilité à la hauteur nécessaire.

Je termine en t'embrassant de tout mon cœur et t'envoie l'assurance que je t'aime autant que le meilleur des frères puisse aimer la meilleure des sœurs.

H. LOIZILLON.

LVII

Camp d'Inkermann, le 4 décembre 1855.

Mes chers parents,

Le service des postes est absolument désorganisé par
suite du mauvais temps, et je viens seulement de recevoir
votre lettre du 8 novembre, qui m'exprime le regret que
l'absence de vos nouvelles m'ait causé tant de souci.
Mais alors que vous vous en inquiétiez, ce souci était
dissipé depuis longtemps par l'arrivée successive de toutes
vos lettres, et le courrier seul demeurait dûment convaincu de défaillances.

S'il était permis à un fils de faire des compliments à
ses parents, je vous rendrais ceux que vous m'adressez
pour mon exactitude. Il n'y a en effet pas de semaine que
je n'aie reçu une bonne et longue lettre de vous, et je
vous en suis d'autant plus reconnaissant que c'est pour
moi un jour de fête que celui où m'arrivent les témoignages si affectueux et si chers dont vous me comblez.

Comme je vous le dis plus haut, l'hiver se fait sentir
avec tous ses inconvénients : nous avons eu des froids

assez vifs à partir du 10 novembre, et la première neige est tombée dans la nuit du 20 au 21. Depuis cette époque nous avons une pluie torrentielle mêlée de vent et de bourrasques qui font craindre pour l'établissement d'hiver.

Je ne veux pas donner à cette phrase plus de portée qu'elle n'en a réellement, c'est-à-dire que, tout bonnement, on risque de voir sa tente enlevée par le vent et de n'avoir, au milieu de la nuit, d'autre abri que la voûte des cieux, toujours chargée de pluie, de grêle ou de neige.

Ce fait assez grave, mais du reste peu dangereux, s'est produit assez souvent; quant à moi, je n'ai point à le craindre. Vous connaissez mon installation : j'ai remplacé le pilier unique de la tente turque par un trépied qui défie tous les coups de vent possibles, de sorte que, pendant que chacun est occupé à soutenir son pilier pour empêcher sa tente d'être enlevée, moi je suis douillettement dans mon lit à écouter gémir le vent, ce qui me fait admirablement bien dormir.

Toutes ces choses insignifiantes que je vous raconte n'ont d'autre but que de vous rassurer sur ma position. Aujourd'hui lundi, mon premier jour de liberté, le temps se remet au beau et j'en profiterai pour aller voir mes amis et faire de longues promenades. Mon esprit un peu aventureux me guidera dans ces courses dont je me promets un grand plaisir.

Si à toutes ces distractions vous ajoutez l'agrément et la sécurité que donne une santé parfaite, vous seriez sans excuses de vous livrer, comme vous n'y êtes que trop disposés, à des craintes chimériques. Songez qu'avec l'activité que réclame notre service et le genre de vie que nous menons, moins astreints aux usages de la vie civilisée, nous avons beaucoup plus de chance pour nous bien porter que si nous étions en France.

Vivez donc bien tranquilles jusqu'au mois de mars au moins, car d'ici là il ne peut y avoir rien de nouveau, si ce n'est notre rentrée en France. Il court en ce moment toutes sortes de bruits sur nos différentes destinations. Ce qu'il y a de certain, c'est qu'on aurait reconnu l'impossibilité de marcher par la vallée de Baïdar ou par Eupatoria.

Pour mon compte, avec mes faibles lumières, je ne reconnais pas cette impossibilité, et il me semble que, du moment où l'on tient les forces vives de la Russie dans un espace très restreint, on devrait tout tenter pour les détruire (1) et cela avec d'autant plus de raison que l'armée française de Crimée a donné la mesure de ce qu'elle pouvait faire.

A mon avis, on quitte une belle partie, en ce sens qu'elle est tout à fait opposée à celle qui s'est jouée en 1812, où les Russes fuyaient toujours sans que les Français pussent les atteindre.

Il me semble, malgré ce que peut dire l'intendance, qui déclare ne pouvoir nourrir l'armée à quatre jours de marche, qu'ayant la mer pour nous, il nous serait possible d'agir dans un champ stratégique aussi restreint que celui de la Crimée, de façon à prendre toute l'armée russe qui s'y trouve en ce moment et qui s'y trouvera au printemps.

Tout ceci est ma seule appréciation. Il est à présumer qu'il y a beaucoup de motifs que je ne connais pas, qui

______

(1) Tel était aussi l'avis du général Niel, mais il inférait de notre inaction que, déjà à cette époque, les pratiques de la guerre d'Algérie nous avaient fait perdre les secrets de la grande guerre. Peut-être Niel voyait-il juste, du moins sur le dernier point. (Lire sa correspondance et celle de Pélissier avec le maréchal Vaillant). *(Note de l'Éditeur.)*

sont un obstacle infranchissable. Nos nobles alliés, que je déteste cordialement, vous le savez, jouent probablement un grand rôle dans ces circonstances.

Quoi qu'il en soit, et quelles que soient les raisons qui font dire qu'il est impossible de marcher en Crimée, il n'en est pas moins vrai qu'il n'y a pas de suppositions qu'on ne fasse à ce sujet.

La dernière, qui est d'aujourd'hui, est que le 1er et le 2e corps (dont nous faisons partie) rentreraient en France pour aller sur le Rhin ou dans la Baltique au printemps prochain, et que le 3e corps garderait Kamiesch. Si ce bruit est fondé, les mesures à prendre ne tarderont pas, et vous les connaîtrez quand vous recevrez cette lettre.

La cause avérée de tous les bruits qui circulent est le discours de l'Empereur pour la fermeture de l'Exposition. On se lance à ce sujet dans une foule d'hypothèses, et en effet il y a de quoi en faire.

Pour moi, je me laisse aller aux événements et suis prêt à accepter telle ou telle situation avec le plus d'entrain ou le plus d'indifférence possible, selon le sens que vous voudrez donner à cette expression.

En mettant à part le bonheur que j'aurais à vous revoir si je rentrais en France, ne fût-ce que pour peu de temps, je serais très disposé à aller faire la guerre sous d'autres latitudes.

N'attache pas, ma bonne mère, trop d'importance à tout ce qui me passe par la tête, et que je vous dis, je ne sais pourquoi. Mais sache bien qu'il est tout à fait inutile de te préoccuper de ce dont je puis avoir besoin. J'ai tout ce qu'il me faut pour passer l'hiver. Si nous rentrons en France, j'irai me ravitailler auprès de toi; si au contraire nous marchons au printemps, j'ai besoin avant tout d'être léger de bagages pour marcher vite et longtemps.

Demain je dois aller déjeuner chez Boudier, qui est bien le meilleur ami que j'aie jamais eu. Si nous nous retrouvons ensemble en France, je vous l'amènerai et ne craindrai point de le soumettre à votre censure. Vous allez peut-être dire que je vous présenterai toute l'armée d'Orient : ma foi, ce serait un véritable bonheur pour moi si vous pouviez la recevoir. Mais je me bornerai à Conegliano et à Boudier, et quand vous les connaîtrez, vous trouverez que j'ai bien fait, car quoique de caractères tout à fait opposés, vous les aimerez tous les deux.

Avec cette conviction, je vous embrasse de tout mon cœur, en vous remerciant encore de toutes les joies que vos lettres m'apportent.

Tout à vous.

H. LOIZILLON.

LVIII

Camp d'Inkermann, le 11 décembre 1855.

Mes chers parents,

Malgré mes derniers bons pronostics, le mauvais temps continue, tous les courriers sont en retard, et je viens seulement de recevoir votre lettre du 17 novembre. Aussi je prends l'avance, prévoyant que ces lignes ne vous arriveront que dans les environs du 1er de l'an.

Félicitons-nous donc ensemble du bonheur qu'à apporté, dans notre modeste famille, l'année qui vient de s'écouler. Le fait saillant et le plus important pour vous, qui ne vivez que dans vos enfants, est le succès de Marie. Son sort, son avenir étaient pour vous, comme pour moi, une préoccupation de tous les instants.

Le bonheur que m'a causé son succès est si grand que je ne puis le mettre en parallèle avec ceux que j'ai obtenus moi-même. — Je n'en rapprocherai que ma chance d'échapper à la mort pendant toute cette campagne si meurtrière.

Espérons donc que la Providence qui a bien voulu se

mêler de nos affaires, nous continuera sa protection, et que l'année qui va s'ouvrir, pour ne pas être inférieure à celle qui finit, nous permettra de goûter les joies si douces d'une réunion de famille, après une longue absence remplie de dangers.

Mais quand serons-nous réunis? Je l'ignore. L'important pour moi est de savoir que votre santé reste excellente, et, pour peu que mon absence dure encore, je suis sûr que je vous trouverai rajeunis de dix ans. Pour ce qui me regarde, je ne crois pas que je rajeunisse, mais il me semble que je ne vieillis pas trop, ma santé devenant de plus en plus solide et constante.

Quoique la pluie tombe en permanence depuis plus d'un mois, cela ne m'empêche pas de sortir à cheval presque tous les jours. Avec ma peau de bique et mon pantalon de toile goudronnée, je suis imperméable : il est vrai qu'avec ces vêtements, on ressemble un peu à un chef de bandits; mais ici on n'y regarde pas de si près, car on est habitué aux costumes les plus excentriques, que la nécessité fait adopter.

Hier encore, par une pluie battante, je suis allé déjeuner chez mon ami Boudier; seulement, au lieu d'une demi-heure que me durait le trajet par le beau temps, j'y ai mis une heure et demie, à cause de la boue dans laquelle les chevaux enfoncent jusqu'aux genoux.

Dans cette course, je m'étais fait précéder par mon ordonnance, qui portait à mon ami deux caisses renfermant un énorme jambon, douze bouteilles de vin de Bourgogne et deux bouteilles de Cognac. Vous devinez facilement à quelle source j'ai puisé les moyens de faire de si riches cadeaux, car vous savez déjà que l'envoi de Mme de C. est arrivé à destination.

C'est vraiment exorbitant.

Figurez-vous que j'ai été obligé de louer une voiture pour aller chercher tout cela à Kamiesch, et c'est à grand' peine que cette voiture, attelée de trois mulets, a pu rapporter le tout.

Il y a cinq énormes colis renfermant environ cent cinquante bouteilles de Bourgogne excellent, quarante bouteilles de très bonne eau-de-vie et quatre gros jambons.

D'après de pareils chiffres, vous voyez que ma générosité, à l'égard de Boudier, était pour moi chose facile. Aujourd'hui nous ferons cuire un jambon, que nous devons manger après-demain, et à cette occasion, nous donnons un grand déjeuner dont Mme de C. fera à elle seule presque tous les frais.

Quoique toutes ces belles provisions aient bien leur prix, je vous avoue, cependant, que je suis très gêné, car elles dépassent les limites.

Mme de C. a payé, seulement de port, la somme de deux cent soixante-dix francs. Jugez par là de l'importance de l'envoi!

Avec de pareilles ressources, tu dois être bien tranquille, ma bonne mère, car tu es sûre que nous ne mourrons ni de faim, ni de soif d'ici à quelque temps. Quant aux autres conditions de la vie, il ne faut pas non plus que tu aies la moindre inquiétude. J'ai une série de vêtements propres à me garantir par tous les temps, et des chaussures pour affronter la boue.

Je t'ai déjà fait, je crois, la description de ma tente creusée, murée, qui résiste au vent et à la pluie, et qui de plus est ornée d'une charmante petite cheminée près de laquelle je vous écris en ce moment.

Cependant il nous est arrivé à tous, ces jours derniers, une petite mésaventure : pendant la nuit la pluie est tombée avec une telle abondance que l'eau, séjournant tout autour de nos tentes, s'est infiltrée dans la terre, de sorte qu'elles sont devenues des puits alimentés par un grand nombre de sources.

L'eau n'a pas assez monté, toutefois, pour me forcer à déguerpir pendant la nuit, mais un de mes camarades a été obligé de se réfugier, à trois heures du matin, dans la baraque du bureau, avec son lit sous le bras. Le matin il avait deux pieds d'eau; moi je n'en avais pas six pouces. Ce sinistre nous a fait sentir la nécessité d'exécuter de grands travaux pour l'écoulement des eaux; nous espérons maintenant être à l'abri d'une nouvelle inondation.

Ce mauvais temps qui persiste m'a empêché, jusqu'ici, de faire les grandes courses dont je vous ai parlé. Néanmoins, je n'y renonce pas et quand viendra la gelée nous réaliserons le projet d'une grande partie, toute montée, et déjà organisée.

Vous voyez donc bien que nous ne sommes pas à plaindre puisque nous avons tout le confortable possible, et que, de plus, nous savons trouver des distractions contre l'ennui.

Recevez mes meilleurs vœux de bonne année avec tous mes embrassements les plus tendres.

H. LOIZILLON.

Il n'est plus question de retour en France.

LIX

Camp d'Inkermann, le 21 décembre 1855.

Mes chers parents,

Les bonnes nouvelles sont toujours lentes à parvenir; il y a trois jours que j'ai reçu votre lettre du 22 novembre.

Cette lettre, avec quel bonheur je l'ai lue! non parce que vous avez la bonté de faire face aux engagements que j'ai contractés, jusqu'au moment où je pourrai y satisfaire moi-même, mais parce que j'y ai vu une nouvelle preuve de votre tendresse.

Depuis longtemps, direz-vous, j'y suis habitué, et je ne devrais pas m'en étonner.

C'est bien vrai, et peut-être à Versailles, ou dans toute autre ville de France, je n'aurais pas senti autant que j'aurais dû le faire la valeur du nouveau sacrifice que vous faites pour moi.

Mais ici, à huit cents lieues de son pays, sans distractions; enfermé le plus souvent, dans cette saison, sous une toile; la pensée voyage, elle s'épure, l'âme se dilate, et on sent mieux l'inestimable prix d'une affection vraie et agissante. — Aussi combien je plains fort ceux qui n'ont ni parents ni amis qui pensent à eux ! Leurs facultés aimantes n'ayant plus de but, ils sont privés du plus grand bonheur que l'on puisse goûter en ce monde.

Je ne vous remercie donc pas pour le fait lui-même, mais bien pour m'avoir donné une nouvelle occasion de vous aimer plus encore, si c'était possible.

Par suite du mauvais temps nous avons quatre courriers en retard qui sont peut-être au fond de la mer. On assure que le premier a sombré dans la mer Noire, en sortant du Bosphore. J'aime à croire, pour le sort de mes lettres, qu'il n'en est rien, que ces courriers ont pu trouver un refuge dans un port et qu'ils y réparent leurs avaries causées par les ouragans qui se sont déchaînés depuis près d'un mois. Nous avons d'abord eu, je vous l'ai raconté, des pluies torrentielles qui ont transformé nos tentes en puits. A deux reprises différentes, j'ai même dû déménager au plus vite au milieu de la nuit, emportant mon lit sous mon bras pour me mettre à l'abri dans la baraque-bureau. Encore ai-je été un des moins malheureux. Mes camarades ont été obligés de déménager un bien plus grand nombre de fois, et même d'abandonner leurs tentes.

Après la pluie est venu le froid : depuis huit jours, il se fait sentir avec une rigueur extrême. Nous avons eu jusqu'à dix-sept degrés au-dessous de zéro. Aussi tout était gelé : pain, vin, viande, etc., etc., ce qui nous a fait faire pendant quatre jours bien maigre chère. Depuis avant-hier, heureusement, la température s'est adoucie et nous recommençons à manger.

Si je vous ai parlé de la rigueur de la saison, c'est que je vous avais dit à l'avance que j'étais parfaitement organisé dans ma tente, et que ma bonne petite cheminée me

préservait du froid. Aussi je n'ai jamais autant ressenti
que dans ces derniers jours l'agrément du coin du feu.

. . . .

. . . .

Nous sommes toujours dans l'incertitude sur l'avenir.
Cependant le bruit que nous devons quitter la Crimée, et
qu'on n'y laissera que le 3ᵉ corps, prend chaque jour plus
de consistance. Irons-nous sur le Danube, ou sur le Rhin,
ou en Italie? Nous l'ignorons, et peut-être le saurez-vous
quand vous recevrez cette lettre. Pour moi, je vous le
répète, je suis prêt à accepter n'importe quelle destination; je me trouve bien portant. Je dois avouer cependant
que, si j'avais le choix, je préférerais le Rhin, parce
qu'alors je pourrais vous embrasser en passant, tandis
qu'ici je suis réduit à confier mes baisers à cette lettre.
Faute de mieux, recevez-les ainsi, et croyez toujours bien
à la tendre affection et à la reconnaissance de votre fils.

H. LOIZILLON.

LX

Camp d'Inkermann, le 31 décembre 1855.

. . . .

. . . .

Recevez encore tous mes remerciements pour la générosité avec laquelle vous avez accueilli ma lettre.

Comme je sais que la sollicitude de parents tels que vous est toujours prompte à s'alarmer, et que les sacrifices qu'on demande à leur dévouement ne sont rien en comparaison des craintes qu'ils font naître pour l'avenir, je vais essayer de détruire, autant que possible, le mauvais effet qu'a dû produire sur vous la confidence que je vous ai faite.

Vous le savez, je suis resté pendant plus d'un an à Versailles comme lieutenant, touchant cent cinquante francs par mois. J'avais, de plus, pendant ce temps, mon régiment d'infanterie à Saint-Cloud, de sorte que je recevais sans cesse des visites, et si je n'avais pas été des plus économes, pour ce qui est de mes dépenses personnelles, mes appointements auraient été bien loin de me suffire, à Versailles surtout où la vie est si coûteuse.

Néanmoins je me suis obéré cette année ; lorsque je suis passé capitaine, j'ai été à hauteur sans toutefois acquitter l'arriéré, et ce n'est que comme aide de camp du général Marion que j'ai commencé à réaliser des économies.

Sur ces entrefaites la guerre d'Orient a été décidée, et j'ai pensé que pour quelques centaines de francs, je ne devais pas rester en dehors de ce grand drame, et qu'à mon âge, il serait honteux de n'y point prendre part.

Cependant je savais que pour entrer en campagne, il faut encore autre chose que la bonne volonté ; c'est de l'argent pour se monter.

Or, non seulement je n'en avais pas, mais encore j'avais quelques petits arriérés que je n'avais pas eu le temps de couvrir.

Connaissant votre situation, et me rappelant les nombreux sacrifices que vous aviez déjà faits pour moi, je n'ai pas voulu vous demander de venir à mon aide, d'autant plus que Marie m'avait ouvert sa bourse, et que, d'un autre côté, je supposais être à même de faire des économies en campagne.

Tout en acceptant les offres de Marie dans la limite de ce qui m'était indispensable, j'ai néanmoins été obligé d'augmenter mon passif pour me munir des objets et effets qui m'étaient nécessaires, car mon entrée en campagne était insuffisante. Il en est résulté que quand le 25 décembre 1854, je me suis embarqué à Marseille, j'étais bien outillé, mais d'un autre côté j'étais assez léger d'argent puisqu'il ne me restait plus que quinze francs.

Pendant tout le mois de janvier que nous avons passé à Constantinople, à part six jours où nous avons vécu à l'hôtel, à raison de sept francs par jour, nous nous sommes contentés de nos vivres de campagne, c'est-à-dire que nous avons mangé la soupe et le bœuf matin et soir.

C'est moi qui ai décidé ces Messieurs à ce genre de vie, parce que je sentais la nécessité de faire des épargnes pour acheter un cheval d'abord. C'est ainsi que je suis parvenu, aux appointements de mars, à réaliser trois cents et quelques francs d'économies.

A la fin de ce mois, comme je vous l'ai dit, j'ai prêté cent francs à un capitaine du 11e léger, un de mes anciens camarades qui rentrait en France par suite de blessure. J'ai reçu il y a quelques jours une lettre de lui, qui m'apprend qu'il est à Constantinople, où il est tombé malade après la traversée, et qu'il va être évacué sur France. Il ajoute que, pour cette raison, il ne peut me renvoyer ce qu'il me doit, n'ayant que fort peu d'argent pour son retour. Peut-être ces cent francs sont-ils perdus? Mais au moment où je les ai prêtés, je rendais un véritable service, et serais-je encore plus gêné, que je ne les regretterais pas.

Pendant le mois de mars, comme je crois aussi vous l'avoir dit, notre pension a changé de base, de sorte qu'au lieu d'épargner, il est arrivé que pendant deux mois j'ai dû puiser sur mes deux cents francs.

C'est alors que j'ai déclaré que c'était sur ma bourse qu'il fallait se régler, puisque j'étais le moins payé, et que, si la pension continuait à monter autant, je vivrais chez moi.

On en a tenu compte, et ma situation budgétaire s'est sensiblement améliorée : sur les cent soixante francs que j'avais empruntés à Conegliano pour achever de payer mon cheval, je ne lui dois plus que quatre-vingts francs.

Les économies que je puis faire sont très minimes, puisque sur cent quatre-vingt-seize francs que je touche, nous n'avons jamais moins de cent francs de pension ; ensuite trente francs pour mes deux ordonnances, quinze francs de ferrure, ce qui fait déjà cent quarante-cinq francs; sur les cinquante francs qui restent, il faut compter la bougie, le savon, le tabac, car je continue à fumer, les petits raccommodages, l'entretien de la chaussure, etc., etc.

Vous voyez, d'après cette décomposition, qu'il ne me reste pas grand'chose, et qu'il faut même très bien compter pour qu'il y ait assez.

Aussi je me refuse tout plaisir. En ce moment il y a des bals, qui coûtent dix francs d'entrée, où vont tous mes camarades. Je ne suis pas devenu tellement ennemi des distractions que je n'aie désiré y assister aussi ; mais j'y ai renoncé, parce que j'ai compris que je ne pouvais me permettre aucune dépense.

J'ai tenu à entrer dans tous ces détails, afin de vous rassurer, et vous faire voir que tout le monde est, à peu de chose près, dans la même situation que moi. Je pense ainsi détruire vos craintes pour l'avenir; vous avez été assez généreux pour me les cacher; mais vous les avez eues, et j'espère maintenant que vous les chasserez.

Ce sujet terminé, je m'aperçois que je n'ai plus de place ; heureusement qu'il ne me reste rien d'intéressant à vous dire.

La gelée continue, le ciel est gris, les chemins glacés, ce qui rend les promenades à cheval très difficiles, de sorte que l'on s'amuse tout juste ce qu'il faut pour ne pas s'ennuyer.

Quand je ne suis pas en course, je lis beaucoup et le temps passe.

Demain nous allons voir lever le soleil de 1856, où le verrons-nous coucher ? . . . .

Tout à vous.

H. LOIZILLON.

LXI

Camp d'Inkermann, le 11 janvier 1856.

Mes chers parents,

J'ai aujourd'hui si peu de choses intéressantes à vous dire que vraiment je ne vous aurais pas écrit, si je n'avais craint de vous inquiéter par mon silence.

Pendant plus de quinze jours, la terre a été couverte d'une couche très épaisse de neige qui, pressée, tassée sur les routes, en faisait de véritables glaces tout à fait impraticables pour les chevaux.

Aussi en avons-nous été réduits aux promenades à pied autour de notre camp.

Mais ce froid, comme toutes choses, devait avoir une fin ; depuis deux jours nous sommes en plein dégel, et j'espère qu'après-demain où je quitte la semaine, je pourrai reprendre mes pérégrinations. Ce sera une grande satisfaction pour moi, car la vie si limitée que nous venons de mener commençait à me peser terriblement, d'autant plus que vos lettres me manquaient par suite du désordre dans le service des postes.

Marie va bientôt vous rejoindre. Ce qui lui plaît dans les facilités de résidence que lui accorde son recteur, en ne l'obligeant pas à habiter Douai, c'est qu'elle pourra aller passer deux mois avec vous. Il ne manquerait plus que moi pour compléter la partie. En attendant qu'elle se réalise, je prends le temps comme il vient et la vie pour ce qu'elle vaut : je tâche de ne pas m'ennuyer, et j'y réussis.

J'ai toujours oublié de vous dire que, depuis près d'un mois, j'ai un nouveau chat qui m'amuse beaucoup. Une nuit où il faisait très froid, il est venu pleurer à ma porte : je lui ai ouvert, et depuis il est resté l'hôte de ma tente et de la popotte. Il est très joli et très privé. Je lui parle souvent du sort heureux qui lui est réservé si je parviens à vous le rapporter. Il est vrai qu'il y a peu de chances pour cela, néanmoins il paraît reconnaissant, et pendant que je vous écris, il est sur ma table, me regarde, et a un air de me dire de vous parler de lui et de vous remercier de sa part.

Il a pour lui l'avantage de très bien attraper les souris : avant son arrivée, ma tente en était infestée ; il en a fait un tel carnage qu'il n'y en a plus une seule.

Comme je vous en avais avertis, ma lettre est bien insignifiante ; c'est mon chat qui en est le point saillant : il en sera probablement ainsi jusqu'au mois de mars ou d'avril ; il faudra bien à cette époque nous faire faire quelque chose et alors, à notre grand contentement, nous rentrerons dans la vie des émotions.

Tout à vous.

H. LOIZILLON.

LXII

Camp d'Inkermann, le 18 janvier 1856.

Mes chers parents,

Depuis deux jours, je suis à l'état-major de la division qui se trouve vis-à-vis des Russes, au delà de la vallée de Baïdar. Mes camarades de cette division m'engageaient depuis longtemps à aller les voir, et j'ai profité d'une belle gelée pour me rendre à leur invitation.

Ma première journée a été consacrée à une visite de tous les avant-postes. Cette promenade m'a on ne peut plus intéressé.

Aujourd'hui nous avons chassé du matin jusqu'au soir : comme nous avions de grandes prétentions, car nous ne voulions chasser que le chevreuil, faisant fi des lièvres, nous avons été punis de notre présomption. Nous n'avons pas vu la queue d'un chevreuil, et quand nous avons voulu retourner aux lièvres que nos chiens avaient lancés au commencement, nous ne les avons plus retrouvés.

Mais j'espère que ces jours prochains nous allons nous dédommager et faire de belles chasses.

Tous ces Messieurs sont autour de moi à chanter des chansons de circonstance, et je suis obligé de vous quitter pour aller me joindre à eux. Le seul but de ce mot était de ne pas vous laisser sans nouvelles de moi, et ce but est atteint, puisque je vous embrasse de tout mon cœur, et dans le meilleur état du monde.

H. LOIZILLON.

LXIII

Camp d'Inkermann, le 25 janvier 1856.

Mes chers parents,

Je suis rentré depuis deux jours de mon excursion, et, comme vous le savez déjà, je me suis beaucoup amusé à Baïdar; j'ai eu bien plus de plaisir à regarder les beaux sites qui se déroulaient devant moi, qu'à suivre la chasse. Bien m'en a pris, car nos chasses ayant été on ne peut plus improductives, je n'ai pas eu de déception. Nous nous sommes toujours acharnés à la poursuite des chevreuils et nous n'en avons même pas rencontré un seul.

J'ai beaucoup couru dans tous les villages Tatars qui sont au nombre de onze dans la vallée, comptant à peu près six mille âmes.

J'ai visité un grand nombre de maisons; ce sont les mêmes arrangements et les mêmes mœurs que chez les Turcs, seulement il y a plus de liberté pour les femmes. Elles sont toutes généralement fort belles; les enfants tenus très proprement, et d'un beau sang.

J'ai rapporté de cette excursion un voile de grande

tenue d'une femme : c'est tout simplement une grande serviette très longue, en grossière étoffe de coton brodée d'or à chaque extrémité.

Quant aux chevaux sauvages, ils n'étaient pas visibles le jour où j'ai été à leur recherche, et comme c'est très loin, je n'ai pas eu le temps d'y retourner.

Ainsi, ma bonne mère tu peux être tranquille maintenant sur cette chasse aux chevaux qui t'effrayait, je ne sais pourquoi. Si j'avais pu prévoir tes craintes, je me serais bien gardé de t'en dire un seul mot. Mon but, au contraire, avait été de te rassurer sur mon sort, et de te faire voir que nous avions à notre disposition des ressources et des plaisirs pour dissiper l'ennui.

J'espère qu'à l'avenir tu seras plus raisonnable, et que pour toutes choses en général, tu ne te créeras plus de ces affreuses chimères, comme tu l'as fait il y a quelque temps, pour le retard d'un courrier qui te portait une de mes lettres.

L'annonce de la paix surtout doit te tranquilliser à tout jamais. — Cette nouvelle nous est arrivée ces jours-ci, et elle n'a pas causé l'émotion à laquelle on aurait pu s'attendre. Du reste nous ne connaissons encore aucun détail; on nous a dit seulement que la Russie accepte les quatre points, et que d'après cela il y a de grandes chances pour qu'une paix générale s'ensuive.

En supposant qu'en effet la paix soit faite, il est probable que l'armée ne sera pas rentrée en France avant l'hiver prochain; aussi quand nous aurons une entière certitude, je crains fort que le temps nous paraisse d'une longueur interminable.

J'ai vu aujourd'hui dans le journal que le général Marion passe dans la Garde. C'est dommage que la nouvelle de la paix n'ait pas précédé sa nomination, car alors il aurait pensé à moi, tandis qu'au contraire il est probable que dans la Garde, il n'a pu tenir, comme à Versailles, la promesse qu'il m'avait faite de me conserver ma place, et que, déjà, il a été obligé de prendre un aide de camp. Je le regrette, car j'aurais eu une position bien agréable; mais je vais tâcher de n'y plus songer et de prendre mon parti en philosophe.

Je vous embrasse.

H. LOIZILLON.

LXIV

Camp d'Inkermann, le 1ᵉʳ février 1856.

Mes chers parents,

La grande nouvelle de la paix, que vous ne connaissiez pas encore en m'écrivant, a dû vous causer une vive émotion. Ici, bien que nous fussions loin de nous y attendre, elle n'a pas, comme je vous le disais dans ma dernière lettre, produit beaucoup d'effet, et maintenant que nous avons lu les journaux du 18, du 19 et du 20, il nous est permis de douter encore de la solution. Il est possible que la Russie n'agisse que de façon à gagner du temps. Cependant j'estime qu'elle jouerait beaucoup trop gros jeu, pour ne pas désirer vivement la paix et pour s'arrêter à des détails, du moment qu'elle a accepté les bases.

Pour mon compte, je crois donc à la paix. Je n'aurais pourtant pas été fâché de faire une véritable campagne, car le siège de Sébastopol ne nous a rien appris, puisque nous connaissions depuis longtemps la valeur des armées françaises. D'un autre côté les ambitions particulières étaient un peu en éveil, et aujourd'hui il faudra redevenir

Gros-Jean comme devant. Heureusement qu'aux ambitions déçues il y a d'inestimables compensations : c'est le retour dans la patrie et dans la famille, et je suis sûr qu'au milieu de vous je ne regretterai rien.

Nous avons dans ce moment une recrudescence de froid et de neige, et je crains que le mardi-gras, qui est mardi prochain, ne soit aussi rude que celui de l'hiver dernier.

Si ma lettre est courte, c'est que je n'ai rien d'intéressant à vous dire et que je vous écris uniquement pour ne pas vous causer d'inquiétude.

Tout à vous.

H. L.

LXV

Camp d'Inkermann, le 15 février 1856.

Mes chers parents,

Votre lettre du 31 janvier, que je viens de recevoir, exprime en termes si émus votre joie de voir la guerre terminée et votre impatience de me revoir, qu'elle double la mienne.

Quoique l'époque de mon retour soit encore bien incertaine, il y a néanmoins beaucoup plus de chances pour que nous soyons réunis que nous n'en avions lors de mon départ, et quand je me reporte à ce moment et à toutes les péripéties du siège, je trouve que nous avons été bien heureux.

Ici nous ne savons absolument rien que par les journaux qui nous arrivent à douze jours de date, de sorte que nous en sommes réduits à nos propres suppositions. Nous n'avons aucune nouvelle de l'armistice annoncé ; avant-hier encore, nous avions l'ordre de nous tenir prêts à marcher, parce qu'on craignait une attaque des Russes du côté de la vallée de Baïdar.

Nous détruisons continuellement les constructions de

Sébastopol : hier, on a fait sauter plusieurs aqueducs qui conduisaient l'eau dans la ville. Nous étions là un grand nombre de curieux. Après l'explosion, les Russes se sont mis à nous lancer des obus qui arrivaient parfaitement juste. Néanmoins, personne n'a été touché, mais chacun s'est empressé de déguerpir, comme bien vous pensez.

Quand vous recevrez cette lettre, les conférences seront déjà avancées et vous pourrez préjuger de notre sort. Ici, on donne comme certain que l'intention du général Pélissier, si l'évacuation est laissée à sa disposition, serait de faire partir notre corps d'armée le premier. Cette supposition aurait assez de fondement, car c'est le corps qui a le plus souffert et aussi celui dont les régiments sont les plus anciens de campagne. On ajoute aussi que le maréchal aurait dit que l'évacuation commencerait dans six semaines, et cela ne m'étonnerait pas, car l'état sanitaire de notre armée est désespérant.

Le scorbut fait d'horribles ravages. Nos effectifs baissent d'une façon effrayante ; chaque jour, dans notre pauvre division, qui est réduite à quatre mille cinq cents hommes disponibles, nous avons de trente à quarante entrées à l'ambulance et seulement cinq ou six sortants. Les ambulances sont tellement empoisonnées de miasmes que le typhus y règne, et les scorbutiques y contractent cette affreuse maladie à laquelle ils succombent en fort peu de temps.

Un médecin bien renseigné nous affirmait, il y a quelques jours, qu'on enterrait en Crimée quatorze ou quinze cents hommes par mois ; si vous ajoutez un nombre égal de morts pendant la traversée ou à Constantinople, vous arrivez à un chiffre effrayant.

Les officiers de santé sont très éprouvés en ce moment,

et cela se conçoit, respirant sans cesse cet air empesté des baraques d'ambulance.

Dans le service de Boudier, deux médecins sont morts et deux autres sont atteints, mais de façon à laisser encore beaucoup d'espoir qu'ils en réchapperont. Quant à Boudier, il est très fatigué et je crains fort qu'il n'y résiste pas.

Tous les médecins sont en ce moment sur leur triste champ de bataille, et c'est malheureusement leur tour de se dévouer.

A ce tableau lamentable de tant de souffrances, il y a un contraste frappant; c'est la bonne santé de tous les officiers.

Dans toute la division, il n'en est mort qu'un seul depuis un mois, et encore était-ce un vieux chef de bataillon complètement usé.

Cette différence entre les officiers et les soldats, prouve que la mortalité qui sévit sur ces derniers tient à leur insuffisante et mauvaise nourriture et, aux fatigues dont on les accable encore, en ce moment. *Ils ont plus de service que pendant le siège; c'est incroyable, mais c'est ainsi, du moins chez nous.*

Je suis désespéré de voir ainsi mourir ces pauvres malheureux soldats, et c'est surtout pour cette raison que j'appelle de tous mes vœux l'instant où nous quitterons la Crimée pour aller n'importe où.

. . . .

. . . .

Vous ne croirez jamais qu'il est plus difficile de garder un chat au milieu d'un camp qu'une jolie fille; c'est pourtant la vérité, et vous apprendrez avec peine la disparition du joli chat, si intelligent, que je m'étais promis de vous rapporter. Malgré les soins et les précautions que nous prenions tous, un beau matin on ne l'a pas aperçu;

nous l'avons cherché vainement, et, comme il était très gras, nous n'avons pas douté qu'il n'eût été mis en civet. Je viens d'envoyer un faire-part à Marie, qui plaindra son triste sort.

J'avais une belle chienne russe, qui m'avait aussi adopté ; mais elle avait des habitudes vagabondes et elle a disparu.

Il ne nous reste que trois moutons, que nous avons pris sur nos rations. Ceux-là sûrement ne s'en iront pas, ils sont trop apprivoisés et surtout trop bons amis avec nous pour nous quitter. Ces moutons, d'une espèce particulière, sont réputés pour leur laine et ont une énorme queue, qui n'est qu'une pelote de graisse très fine.

Le pauvre général Brunet en avait également un, dont nous avons hérité ; il est devenu très gros. Comme il allait manger le foin des chevaux au moment de la botte, un beau jour il a reçu un coup de pied de ma jument et nous avons été obligé de l'abattre. Malgré tous les regrets que nous a causés sa perte, je dois dire que nous l'avons trouvé excellent : sa queue seule nous a donné six kilog. de graisse.

Parmi ces trois moutons, il y a deux béliers, et, si nous rentrons, je tâcherai d'en ramener un que je donnerai à B. pour qu'il en propage l'espèce en Lorraine.

Ce que je compte aussi rapporter, c'est ma garniture de cheminée, c'est-à-dire une pelle à feu, des pincettes et un soufflet. Ce sera le commencement de mon mobilier, si je me marie.

Conegliano accepte le rôle que vous lui réservez dans notre réunion.

Moi je vous embrasse et vous aime comme toujours.

H. LOIZILLON.

LXVI

Camp d'Inkermann, le 22 février 1856.

Mes chers parents,

Au moment où vous recevrez cette lettre, le résultat des conférences sera déjà pressenti et vous pourrez savoir à quoi vous en tenir.

Donc, mon opinion, dans le cas où elle serait conforme à ce qui va arriver, n'aura plus que le mérite d'être justifiée.

Cette opinion est que la paix va se faire, parce que les Russes, même avec la Prusse, ne peuvent résister à la France et à l'Angleterre, aidées de l'Autriche, à qui il est impossible maintenant de conserver sa neutralité.

La position de l'ennemi étant défavorable, il s'ensuit naturellement que la nôtre est belle.

C'est ce qui se produit en effet, et je suis heureux de voir la France obtenir, pour résultat de cette guerre, l'honneur de diriger toute la politique européenne.

Notre situation est tellement avantageuse qu'il y aurait vraiment lieu de désirer en tirer un meilleur parti et nous venger de la Prusse pour sa triste conduite.

J'espère bien qu'elle sera exclue des conférences, mais cette humiliation ne me suffit pas entièrement.

Néanmoins, je comprends que le gouvernement s'en tienne là.

Les questions politiques et sociales se touchent de si près qu'il faut y regarder à deux fois, car si la guerre devenait générale, on ne peut prévoir quelles en seraient les conséquences; les chances de la fortune étant toujours fort incertaines.

C'est pourquoi j'ai grande confiance dans la paix; tous les gouvernements y sont intéressés.

Ici, nous sommes toujours dans l'attente. Pour nous distraire, nous créons des jardins ; nous semons des radis, de la salade, des choux, et nous comptons manger, avant un mois, de ces légumes, dont nous sommes privés depuis si longtemps. Nous sommes sûrs ainsi de recueillir le fruit de nos peines, car il est impossible que nous partions plus tôt.

Quoique l'on ne sache rien de positif ici, notre division est désignée par la voix publique pour rentrer la première, parce que nos régiments sont les plus anciens de campagne, et surtout parce que nous avons perdu par le feu de l'ennemi plus de monde qu'aucune autre.

Aujourd'hui, bien qu'étant de semaine, j'ai monté à cheval pour aller au cimetière du grand quartier général chercher des fleurs sur la tombe d'un de mes camarades, qui était l'aide de camp du général de La Motterouge et qui fût tué à l'assaut.

Sa mère avait écrit au général à ce sujet et, comme c'est moi qui avais fait faire la pierre tumulaire, ainsi que celle de notre pauvre chef d'état-major, le général de La Motterouge m'a prié de faire cette course.

J'ai rapporté quelques petites branches de bruyère

qui vont être envoyées à cette pauvre mère qui, comme celle de Brethous, a perdu le fils auquel elle tenait le plus.

Jusqu'à présent, ma bonne mère, je n'ai jamais répondu à tes questions sur mes chevaux. Je vais te dédommager.

D'abord, chose triste à dire, il y a près d'un mois que mon cheval à moi, ma propriété, a cassé son piquet et est parti au galop de charge du côté de Bálaklava. J'ai fait courir à sa poursuite, mais il a été introuvable.

J'aurais été très sensible à cette perte, si nous avions été obligés de marcher ; mais, comme la paix est probable, j'y perds peu de chose, parce qu'au moment du rembarquement on m'aurait forcé, comme tout le monde, à vendre mon cheval et je n'en aurais rien retiré.

Quand à mes chevaux de l'État, ils sont dans une condition superbe. Ma belle jument que j'avais amenée de France a beaucoup souffert l'hiver dernier ; elle a eu la gale et une foule d'autres désagréments, qui me l'ont rendue indisponible la plus grande partie du temps. Aujourd'hui, elle est complètement rétablie et plus vigoureuse qu'elle ne l'a jamais été, à tel point que j'ai toutes les peines du monde à la maintenir.

Il y a cinq ou six jours, j'ai trouvé une magnifique chienne de chasse. Si son maître ne la réclame pas et que j'aie le bonheur de la garder, vous êtes sûrs de l'avoir ; c'est moins difficile à préserver des embûches qu'un chat.

Ma course au cimetière m'a pris trop de temps pour que je puisse écrire à Marie. Comme elle est prompte à s'alarmer, avertissez-la.

Je termine ma lettre au milieu d'un terrible ouragan, qui me fait craindre pour mon installation. Le vent souffle avec une telle force qu'il a déjà enlevé plusieurs tentes dans les camps. Malgré le danger de se réveiller à la pluie, en plein air, je vais dormir tranquille, parce que, peut-être par fatuité, j'ai foi dans la construction et la solidité de ma tente, que j'ai établie moi-même, vous le savez.

Tout à vous.

H. LOIZILLON.

LXVII

Camp d'Inkermann, le 26 février 1856.

Ma chère Marie,

Je n'ai absolument rien d'intéressant à te dire, sinon que ma santé est toujours parfaite. Notre vie monotone est dépourvue d'accidents et d'incidents. Ce n'est pas comme toi qui donnes des soirées splendides, dont on parle à Paris, en province et en Crimée. J'attends avec impatience la lettre de Mme D..., pour connaître les détails de cette fête et savoir comment on s'y est comporté.

Les généraux Martinprey, Vinoy et Espinasse sont arrivés par le dernier courrier. On prétend que, d'après leur dire, la paix est beaucoup moins sûre qu'on ne le supposait.

On dit aussi que le général Martinprey aurait rapporté les plans de campagne qui ont été arrêtés en conseil de guerre, à Paris, et que, d'après ces plans, les Anglais iraient en Asie, que nous resterions en Crimée et que les Autrichiens agiraient en Pologne.

Nous acceptons ces plans avec d'autant plus de plaisir que nous ne combattrions plus avec ces paresseux d'Anglais.

Néanmoins, je crois toujours à la paix, qui est toute dans l'intérêt de la Russie qui ne pourrait avoir pour alliée que la Prusse.

Seulement, je trouve que tous les journaux français sont stupides de crier à la paix comme ils le font; car ils peuvent, en exprimant ce désir avec tant de force, empêcher la Russie d'être aussi satisfaite qu'elle le devrait.

L'état sanitaire de notre armée ne s'améliore pas : les officiers de santé continuent à mourir d'une façon effrayante. L'aide-major Cordeau est mort, avant-hier, à l'ambulance de Boudier; un autre aide-major était condamné hier et a dû mourir cette nuit.

Notre pauvre armée fond avec une rapidité désolante, et il serait grand temps de prendre des mesures.

Tout à toi.

H. Loizillon.

LXVIII

Camp d'Inkermann, le 1ᵉʳ mars 1856.

. . . .

. . . .

. . . .

Il vient d'y avoir à l'instant une entrevue entre le maréchal Pélissier et le général Luders, qui commande provisoirement l'armée russe. On dit que cette entrevue a pour but l'armistice; nous saurons probablement demain ce qu'il en est.

La mortalité ne diminue pas encore; les pauvres docteurs sont de plus en plus éprouvés. Après quelques jours de beau temps, on a mis tous les malades sous des tentes, afin de les soustraire à l'air empesté des baraques-ambulances; mais la neige et le froid étant subitement revenus, cette transition a plutôt été funeste, et beaucoup de ces malheureux sont dans un état désespéré.

Si je vous donne tous ces tristes détails, c'est que, bien entendu, nous sommes à l'abri du danger. Il n'y a pas encore d'exemple qu'un officier ait eu le typhus ou le scorbut, et il en sera toujours ainsi, simplement parce que les officiers ne sont pas placés dans les mauvaises conditions des soldats.

Notre popotte est toujours des plus agréables, et nos relations avec notre chef d'état-major deviennent de plus en plus intimes.

Conegliano ne veut pas être oublié auprès de vous, et moi je vous embrasse.

H. LOIZILLON.

LXIX

Camp d'Inkermann, le 8 mars 1856.

Mes chers parents,

Pas de courrier cette semaine pour rompre la monotonie de notre existence; c'est le mauvais temps qui en est cause. Nous payons bien chèrement les quelques beaux jours que nous avons eus pendant le mois de février, car depuis cette époque, la neige, la gelée et le dégel n'ont pas cessé de se succéder, et nous nous demandons quand cela finira. Les vents furieux qui soufflent depuis huit jours ont beaucoup fatigué nos tentes qui, ayant déjà passé l'hiver dernier, se déchirent, et craquent de tous côtés. Néanmoins, nous nous consolons en espérant que nous subissons l'extrême queue de l'hiver, et qu'à la fin de ce mois au plus tard, le beau temps reviendra.

Dans ma dernière lettre, je vous parlais déjà de l'armistice. Il paraît que les généraux en chef n'ont pu s'entendre relativement au port de Sébastopol. Nous voulions pour nous la liberté du port et les Russes ne nous l'ont pas accordée. Néanmoins, il y a eu une convention tacite de ne plus tirer. La ligne de séparation des deux armées est dans la plaine de la Tchernaïa.

Nos soldats de garde aux avant-postes ont échangé leurs gourdes avec les soldats russes; et l'on se témoigne de part et d'autre beaucoup de sympathie. Il n'y a que les Anglais qui sont également détestés des Français et des Russes.

Le mauvais temps a suspendu toutes les conversations d'une rive à l'autre, mais elles vont reprendre dès que le soleil se montrera.

Aujourd'hui notre division est dans la joie, parce qu'au lieu de sept ou huit cents hommes que nous avions aux avant-postes, nous n'en avons plus que soixante. J'espère que cette diminution de service diminuera aussi le nombre des malades.

Je n'ai pu cette semaine aller voir mon ami Boudier; mais d'après ce que j'entends, je crains bien que la mortalité dans son ambulance n'ait encore augmenté.

Les conférences sont maintenant en plein travail, et si l'on en croit les derniers journaux, la paix aurait dû être signée le 3 de ce mois. Ce délai me semble bien rapproché, et bien que je croie à la paix, je ne pense pas qu'elle ait pu être signée si vite. Sans ce maudit mauvais temps, nous aurions le journal du 24 qui nous aurait renseignés.

Quoiqu'il en soit, le moment de notre réunion n'est plus éloigné, et je pense qu'aux premiers jours de mai nous serons en France. Quand je dis nous, je parle de notre division qui, probablement, s'embarquera la première.

Ainsi donc, à bientôt et tout à vous.

H. LOIZILLON.

18

LXX

Camp d'Inkermann, le 13 mars 1856.

Mes chers parents,

Le pauvre Conegliano vient de recevoir une lettre qui lui apprend que son père, dangereusement malade, le presse de demander un congé et d'arriver le plus tôt possible. Cette nouvelle l'a tellement abattu que j'ai dû faire, pour lui, toutes les démarches nécessaires et j'espère qu'il pourra partir par le même courrier qui vous portera cette lettre.

Vous ne pensez qu'à la paix et à mon retour. Ici, depuis quelques jours, la paix paraît moins certaine et beaucoup de gens la considèrent comme très compromise. Pour mon compte, j'y crois toujours, car si les conférences étaient rompues nous le saurions. Elles poursuivent donc leurs travaux, et puisqu'on a abordé la question par son côté difficile, le reste doit suivre naturellement. Je serais très embarrassé de choisir ou la paix ou la guerre, aussi suis-je enchanté de ne pas être le maître de ma destinée.

En attendant une décision, nos pauvres soldats continuent à mourir.

Il paraît qu'on s'est beaucoup ému au ministère d'apprendre qu'à Marseille un lieutenant-colonel d'artillerie, venant de Crimée, était mort des suites du typhus pour lequel il avait été évacué sur France.

Il me semble que les situations qu'ils reçoivent depuis longtemps auraient dû leur ouvrir les yeux : il suffisait de regarder les chiffres. Cependant, il leur a fallu cette mort à Marseille pour qu'ils aient l'air de se douter que le typhus est en Crimée.

Aussi, se sont-ils empressée de renvoyer ici M. Beaudens, comme s'il y pouvait quelque chose. Ce sont des mesures qu'il fallait prendre, et non envoyer un homme qui, eût-il la science universelle, ne pourrait rien pour changer la position. Je suis néanmoins très content du retour de M. Beaudens; certain que par des rapports sincères, il déterminera enfin le ministère à chercher et à trouver les moyens de mettre un terme aux dangers que court notre armée. On n'a que trop attendu, et il serait grand temps qu'un mouvement d'opinion se produisît en faveur de nos soldats.

Le jeune C... est revenu ici avec M. Beaudens; je dois aller le prendre demain matin pour déjeuner avec nous. Ses voyages lui ont bien profité; il est non seulement guéri, mais gras et solide.

La neige et la gelée ont enfin cessé pour faire place au beau temps, qui nous permet de reprendre nos distractions et nos promenades.

Notre vie est toujours la même; nous nous portons comme des gens qui n'ont rien de mieux à faire. Cependant nous sommes en danger de mort, parce que les rats et les souris ont tellement pullulé depuis que mon chat nº 2 a été converti en gibelotte, qu'il n'y aurait rien d'étonnant à ce qu'un beau matin nous nous réveillassions à moitié mangés.

Malgré toutes les précautions que nous prenons pour nos effets, nous en avons toujours de rongés.

Un autre inconvénient grave, qui préoccupe beaucoup le colonel en ce moment, c'est l'incapacité de notre cuisinier; il manque toutes les sauces, il perd les denrées que nous achetons au poids de l'or. Aujourd'hui encore, il nous a été impossible de manger un chou-fleur qui avait coûté cinq francs. — Ceci doit peu vous inquiéter pour moi, parce que vous savez que je n'ai jamais fait un dieu de mon ventre.

Mes chevaux continuent à bien aller, malgré la négligence et la maladresse de mes paresseux d'ordonnances. Mon cheval à moi, celui qui s'est échappé, n'a pas été retrouvé; mais en échange, une mule anglaise est venue se réfugier dans mon écurie, et ma foi, pour faire face à toute éventualité, je l'y laisse.

Mes draps de lit sont usés au milieu, mais, aujourd'hui, je les ai fait découdre, et en remettant les extrémités au milieu, ils peuvent me durer encore bien longtemps.

J'espère qu'aujourd'hui vous serez satisfaits des détails intérieurs que je vous donne. Cependant, il est probable que vous y attacherez peu d'importance, parce que quand vous recevrez cette lettre, ou bien vous attendrez mon retour, ou vous serez encore en proie aux anxiétés et aux incertitudes de la guerre.

14 mars.

Je reviens du quartier général et je rapporte à Conegliano la bonne nouvelle que son congé lui est accordé.

Il partira demain, et j'irai l'accompagner jusqu'au bateau. S'il s'arrête à Paris, il ira voir Marie.

Après le déjeuner j'ai conduit C... à la conférence qui a eu lieu sur le pont de Traktir pour la signature définitive de l'armistice; il a été ravi de voir les Russes de près.

Mais le retour a été difficile : nous avons été surpris par une tourmente de neige qui nous en promet un pied pour demain : il a eu très froid; je crains fort qu'il n'en soit malade, et j'ai hâte d'avoir de ses nouvelles.

Je vous embrasse et suis toujours votre fils affectueux et dévoué.

H. LOIZILLON.

LXXI

Camp d'Inkermann, le 21 mars 1856.

Mes chers parents,

Décidément, nous sommes bien heureux d'avoir pris Sébastopol au mois de septembre, car s'il nous avait fallu passer cet hiver dans les tranchées, je crois que nous y aurions tous été gelés. Le froid devient de plus en plus intense; avec cela le vent du nord ne cesse de souffler, et nous sommes à nous demander quand reviendront les beaux jours. Ce mauvais temps est d'autant plus dés-agréable qu'il empêche l'arrivée des courriers, et que nous sommes dans la plus complète ignorance de ce qui se passe en France, car notre dernier journal est du 4.

Cependant il faudra bien que, d'ici à dix jours, on nous donne des nouvelles, puisque l'armistice finit le 31.

En attendant, on a toutes les peines du monde à empê-cher les armées française et russe de fraterniser. Malgré toutes les patrouilles que nous avons sur la Tchernaïa, on ne peut empêcher les Russes de venir chez nous, et les Français d'aller chez eux. Avant-hier, six officiers russes sont venu dîner au mess d'un de nos régiments : on leur a fait une réception splendide. C'est vraiment curieux de voir la sympathie qui règne entre les deux armées, et l'importance que les Russes attachent à l'opinion que nous avons d'eux.

Quant aux Anglais, ils les détestent, et ne leur parlent pas.

Lundi prochain, il y aura des courses dans la vallée, et on dit que les Russes pourront y venir.

Le jeune C... est toujours ici : hier, il est venu pour déjeuner avec nous et nous a apporté deux boîtes de beurre et un *baba* venant de Paris, sans compter une nouvelle boîte de cigares et un chibouque de Constantinople. J'étais absent, mais il a été très bien reçu par ces messieurs, et le capitaine, mon collègue, lui a fait faire une promenade sur la Tchernaïa. Il a acheté des masses de médailles aux soldats russes qui se trouvaient sur la rive droite, et en repassant sur le champ de bataille d'Inkermann, il a rapporté un tibia russe. C'est un drôle de souvenir, comme vous voyez, mais il en veut de toute sorte, et s'il le pouvait, je crois qu'il emporterait la Crimée tout entière pour la mettre sur son étagère.

Aujourd'hui Vendredi saint, j'ai été le chercher pour prendre part à notre dîner maigre qui était très sortable, et que nous devions principalement à son beurre frais.

Comme ma bonne mère tient toujours à savoir si nous ne manquons de rien, je profite de l'occasion pour lui donner le menu de la journée.

A déjeuner : omelette aux champignons, sardines, morue, pommes de terre, haricots verts et dessert.

A dîner : soupe à l'oignon, saumon, sardines, petits pois, raie au beurre noir, salade, riz au lait, *baba* et dessert.

Vous voyez que c'était grandiose, et que le Vendredi saint, au lieu d'être pour nous un jour d'abstinence, a été au contraire l'occasion d'un régal.

. . . .

. . . .

Cette fois, il est bien positif que quand vous recevrez cette lettre, vous saurez si je reviens ou non. Si la paix est faite, vous pensez que je ne serai pas long à vous arriver.

En attendant je vous embrasse.

H. Loizillon.

LXXII

Camp d'Inkermann, le 24 mars 1856.

Ma chère Marie,

Les dernières nouvelles, apportées par le courrier en retard de quatre jours, nous apprennent que l'Impératrice est accouchée d'un fils. Quant aux conférences, absolument rien. Aussi les avis sont-ils très partagés ; les uns disent que la paix est signée, les autres au contraire croient que la guerre va continuer.

Quoiqu'il en soit, les Russes n'ont pas assisté aux courses qui se sont données aujourd'hui devant eux dans la plaine de la Tchernaïa ; bien, assure-t-on, qu'ils aient été invités. On dit à cela que le général Luders aurait répondu qu'il était très reconnaissant de l'invitation qu'on lui faisait, mais qu'il ne pouvait accepter parce qu'il était inutile de commencer des relations qui ne pouvaient durer. Comme les Russes connaissent les nouvelles de Paris en trente-six ou quarante heures, et qu'à nous elles n'arrivent qu'après quatre ou cinq jours au moins, ceux qui parient pour la guerre en concluent que les conférences sont rompues.

Toutes ces opinions contradictoires n'ont pas empêché les courses d'être superbes. Il y avait bien plus de monde qu'aux plus belles courses de La Marche; les cavaliers y abondaient, il est vrai, mais il y avait aussi quelques charmantes amazones anglaises. Le vent du nord et le froid avaient cessé, de sorte qu'un beau soleil, et une douce température ont encore augmenté le charme de cette belle fête.

A l'occasion des courses, nous avons donné un brillant déjeuner, où se trouvaient Benjamin C... et mon ami Boudier. M. Beaudens nous a rejoint aux courses, et j'espère que cette rencontre rappellera à celui-ci la proposition de principal qu'il a promis de faire en faveur de Boudier, dont d'ailleurs il apprécie tous les mérites.

Je suis loin d'être surpris de voir tes relations s'augmenter : cependant il faut toujours agir avec prudence, et ne pas juger les gens sur ce qu'ils vous disent, ni s'enthousiasmer pour rien, comme cela est arrivé au sujet de la personne avec laquelle tu as dîné dernièrement chez notre ami M. B...

Le frère dont il est question, et qui se trouve en Crimée n'est rien moins qu'un homme estimé (1). Quant à la belle-sœur qui est à Constantinople, elle est fort *inestimable*, et a un passé qui te désillusionnerait bien vite; s'il n'était si laid, je te le dirais, et tu verrais que c'est peu romanesque.

Adieu, je t'embrasse.

H. LOIZILLON.

(1) Il s'agit ici du futur maréchal Bazaine. On connaît l'origine et la fin dramatique de sa première femme. — Le jugement sévère et si perspicace que Loizillon porte dès cette époque, sur le néfaste personnage qui commandait la brigade de légion étrangère, est à peu près celui qu'exprimait le général Forey à la suite d'une circonstance où il l'avait trouvé en faute. (Lire *Guerre de Crimée*, t. I, p. 400.)   (*Note de l'Éditeur.*)

LXXIII

Camp d'Inkermann, le 5 avril 1856.

Mes chers parents,

Enfin la paix est signée! il n'y a plus à en douter, puisque mardi 2 avril, on a tiré le canon pour l'annoncer.

Le maréchal fait tous les jours des ordres pour les préparatifs de départ. — Déjà on renvoie deux classes, les malingres, etc., etc., et il est à présumer que l'évacuation se fera promptement. On commencera par embarquer le premier corps et les autres suivront l'ordre de bataille. Notre division à le numéro 8, ce qui nous retiendra ici encore pour plus d'un mois. Je vous laisse à penser si ce délai nous paraîtra long, car maintenant toute incertitude ayant cessé, nous ne songeons plus qu'à la France. Aussi nous faudra-t-il plus de courage et de résignation, pour attendre le jour de l'embarquement, que pendant le plus fort du siège.

Avec cela, un temps qui nous déroute dans toutes nos prévisions, quand nous nous reportons à l'hiver dernier à pareille époque. Figurez-vous qu'hier nous avons eu toute la journée de huit à dix degrés de froid, avec un vent du nord des plus violents et une tourmente de neige épouvantable. Le soir il y en avait un pied. J'étais invité à déjeuner chez M. Beaudens, et ne trouvant pas le temps assez mauvais pour manquer à cette invitation, je me suis mis en route. Mais j'ai eu toutes les peines du monde à rentrer. Un de nos ordonnances, qui était parti à onze heures pour aller au fourrage, a été tellement ahuri par la tourmente, qu'en revenant il s'est perdu dans les ravins, et n'est rentré qu'à une heure du matin.

M. Beaudens et le jeune C... viennent déjeuner avec moi dimanche; ensuite je les conduirai visiter les positions russes. Dans ma première lettre, je vous rendrai compte de cette excursion.

Aujourd'hui, nous avons reçu du maréchal une circulaire par laquelle il nous invite à lui adresser une demande de destination. Je vais donc demander Paris ou Versailles, et j'espère bien obtenir l'un ou l'autre.

Sur cet espoir, je vous embrasse, en vous disant : à bientôt.

H. LOIZILLON.

LXXIV

Camp d'Inkermann, le 11 avril 1856.

Mes chers parents,

Vos craintes sur la santé de mon ami Boudier n'étaient que trop fondées.

Le pauvre homme a résisté tant qu'il a pu, et néanmoins a fini par être atteint comme tous ses collègues. Il a le typhus, et la maladie a pris une certaine gravité depuis trois jours. Je les ai passés presque entièrement auprès de lui, et enfin hier je l'ai embarqué. Son état, quoique très inquiétant, n'est cependant pas désespéré, et je crois que la traversée amènera une révolution favorable. J'ai grande confiance surtout dans son moral, et aussi dans la Providence qui veille sur les gens dévoués à leurs devoirs.

M. Beaudens et C... sont partis mardi dernier, et lundi ils nous ont fait le plaisir de déjeuner avec nous : ce jour-là nous avions invité trois officiers Russes, de sorte que notre déjeuner a été très intéressant. Nous sommes ensuite montés à cheval pour aller visiter une ambulance russe dont le docteur Beaudens a été on ne peut plus satisfait : sa compétence bien connue a donné un grand prix aux éloges qu'il a adressés aux Russes sur une organisation où toutes les prescriptions hygiéniques ont été prévues.

Hier au soir, mon ami l'officier russe qui s'appelle Stilau est venu coucher chez moi, pour me prendre et me conduire à Bakhtchi-Seraï, Beaugeois est de la partie : il va venir déjeuner avec nous, et aussitôt nous nous mettrons en route. Je pousserai, si je le puis, jusqu'à Simféropol, ce qui me fera une absence de trois ou quatre jours.

Ma première lettre sera plus intéressante que celle-ci, je vous raconterai en détail tout ce que j'aurai vu et ce qui m'aura frappé.

Adieu, je vous embrasse.

H. LOIZILLON.

LXXV

Camp d'Inkermann, le 19 avril 1856.

Mes chers parents,

Le courrier d'hier m'a apporté votre lettre du 2 avril dans laquelle vous m'exprimez comme toujours votre désir de me voir rentrer.

Aujourd'hui je suis à même de vous donner des nouvelles certaines. Notre corps part le premier, et il est plus que probable que nous nous embarquerons d'ici au 1er mai. Donc ne m'écrivez plus, je ne recevrais plus vos lettres.

Comme seconde nouvelle importante, apprenez que, par suite de combinaisons que je vous dirai plus tard, ma place auprès du général Marion est redevenue vacante et qu'il y a tout à parier que je vais me retrouver à Paris.

Je vous laisse penser si je suis heureux de cette solution inattendue!

Depuis huit jours nous sommes sortis de nos gonds : d'abord les visites des officiers russes, ensuite nos voyages chez eux. Ils nous ont conduits à Bakhtchi-Seraï : dans la même journée, j'ai été obligé de faire cinq repas en règle (Beaugeois m'accompagnait) et de prendre du thé quatre fois.

Nous avons eu une réception magnifique.

Au village de Devanka, à moitié chemin de Bakhtchi-Seraï, le colonel russe nous attendait. Les rues étaient balayées, et de plus il y avait un déjeuner splendide.

A Bakhtchi-Seraï, nous avons visité en détail le palais des Khans Tatars, et nous aurions bien voulu être libres pour voir toute la ville. Mais nous étions sous la direction des Russes, qui, voulant nous combler de politesses, nous forçaient à nous remettre à table, lorsqu'à peine nous en sortions.

Cependant nous nous sommes dégagés et nous avons parcouru toute la ville.

Le surlendemain de notre expédition, mardi dernier, le général Luders est venu déjeuner chez le maréchal Pélissier, et toute l'armée a formé la haie du pont de Traktir au grand quartier général.

Hier il y a eu une grande revue de l'armée française par le maréchal, accompagné du général Luders et du général anglais qui, lui aussi, a voulu présenter son armée. Cette armée anglaise était magnifique de beauté et de tenue : c'était un coup d'œil théâtral.

Pour consoler notre amour-propre, nous avons dû nous dire que ces belles troupes n'avaient pas pris le Grand-Redan, et qu'une fois détruites elles ne peuvent être remplacées.

Cette journée a été très fatigante, car nous sommes partis à cinq heures du matin, et je suis rentré à sept heures du soir.

Voilà pourquoi je vous écris d'une manière si brève, pardonnez-le moi, et communiquez à Marie ces détails qui l'intéresseront.

Vous savez que j'avais embarqué mon ami Boudier. Il m'annonce son arrivée à Constantinople, et me dit qu'il se sent plus mal. Le jeune C. me confirme l'opinion que Boudier a sur lui-même, et cependant j'espère qu'il en sortira.

Je ne puis en dire autant d'un autre docteur, en ce moment à la dernière extrémité.

Conegliano m'écrit que son père était mort avant son arrivée. Ce pauvre garçon si bon, si sensible, si fort attaché à sa famille est bien abattu et je le plains de tout mon cœur.

Adieu, à bientôt et tout à vous.

H. LOIZILLON.

LXXVI

Camp d'Inkermann, le 26 avril 1856.

Mes chers parents,

D'après ma dernière lettre, vous devez présumer que je vais vous annoncer le jour de mon départ; il n'en est rien, et notre embarquement n'est pas aussi prochain que nous le croyions.

Il paraît que le typhus s'est déclaré sur les bâtiments qui ont déjà emporté des troupes; pour cette raison on met beaucoup moins de monde sur les navires, et l'on prend les plus grandes précautions pour n'embarquer que des hommes en parfaite santé.

On vient, comme mesure hygiénique, de changer l'emplacement de nos tentes, et au moment du départ les docteurs doivent passer une revue consciencieuse et très sévère, pour écarter tout homme qui aurait le germe du typhus.

Toutes ces précautions, vous le comprenez facilement, nous retardent beaucoup; cependant nous pensons pouvoir partir avant le 15 du mois prochain.

Le maréchal vient de prendre aujourd'hui une décision qui nous fait grand plaisir et qui doit complètement vous rassurer : c'est de faire partir par le courrier les généraux et les officiers d'état-major.

Au lieu de rester vingt jours en mer, nous n'en mettrons que dix pour faire le voyage, et nous aurons l'agrément de visiter différents points, tels que Smyrne, Malte, etc., etc., de plus nous n'aurons avec nous que fort peu de monde, de sorte que nous ne courrons pas les chances de gagner le typhus pendant la traversée.

Il est décidé, vous devez déjà le savoir, que l'armée tout entière séjournera dans des camps sur les bords de la Méditerranée, afin de ne pas infecter la France du typhus.

Je ne sais combien de temps durera cette quarantaine, mais je pense qu'elle permettra à Marie de terminer ses tournées pour mon arrivée à Paris, et que nous pourrons retourner ensemble à Bitche, ce qui doublera le plaisir de notre réunion.

Je suis dans la plus profonde inquiétude sur mon bon ami Boudier.

C. m'a envoyé mardi dernier la situation de l'hôpital que, tous les matins, on adresse au docteur Beaudens, et j'y vois que mon pauvre malade a été au plus mal.

C... lui-même était malade depuis trois jours, et avait été obligé de me faire écrire un mot par le planton du docteur, n'ayant pas la force de le faire lui-même. J'espère que son indisposition est sans gravité. Quant à mon cher Boudier, j'ai bien peur de ne le revoir jamais, et d'être, ainsi qu'il m'en avait prié, son exécuteur testamentaire. Le courrier de lundi prochain m'apprendra si je dois le pleurer.

Depuis deux jours Beaugeois est malade aussi ; il a voulu retourner à Bakhtchi-Seraï, s'est refroidi pendant la route, et maintenant garde le lit, sans que rien toutefois fasse présumer que son état puisse devenir grave.

Quant à moi ma santé, Dieu merci, continue à être excellente et j'espère retourner en France sans avoir eu — comme je puis m'en louer jusqu'à cette heure — la moindre indisposition depuis que je l'ai quittée.

Il paraît à peu près décidé que nous pourrons ramener un cheval. J'en suis enchanté, car il m'aurait été très pénible de me séparer de ma jument que j'ai depuis trois ans.

J'espère toujours emporter mon mouton.

Je vous envoie des violettes que j'ai été cueillir ce matin à la même place que celles de l'année dernière, seulement cette fois il n'y avait plus de boulets pour me déranger dans cette douce occupation.

Je vous embrasse. A bientôt.

H. Loizillon.

LXXVII

Au camp, le 3 mai 1856.

Le jour de notre départ n'est pas encore fixé; il est subordonné à l'arrivage des navires; mais nous sommes certains de nous embarquer pour le 15 au plus tard, car il n'y a plus que deux régiments à partir avant nous.

Depuis lundi nous avons changé de camp; nous sommes sur un terrain neuf, entre Inkermann et Kamiesch.

Nous sommes sous nos petites tentes, et les hommes sous la tente à abri.

C'est une habitation agréable, quand il fait beau; mais quand il pleut toute la journée, comme c'est le cas aujourd'hui, on trouve que c'est moins charmant.

Hier on nous a fait verser tous nos chevaux, de telle sorte que maintenant nous sommes à pied, et il nous faut renoncer aux grandes promenades.

J'ai eu un crève-cœur, que beaucoup de gens ne comprendront peut-être pas, en me séparant de ma jument, qui est meilleure et plus belle que jamais. Je n'en suis pas encore consolé. J'espère néanmoins qu'elle n'est pas tout à fait perdue pour moi, car je l'ai fait placer dans le régiment de cuirassiers d'où elle sort, et où je connais tous les officiers. Le colonel m'a promis d'en avoir grand soin et de me la rendre en France.

Quant à la mule anglaise que j'avais en remplacement de mon cheval échappé, elle s'est mise à boiter depuis quelques jours, et la remonte ne m'en a rien offert.

Je viens enfin de recevoir une lettre de mon ami Boudier. — Il me dit qu'il revient de l'autre monde. Il doit s'embarquer aujourd'hui même de Constantinople pour France, et aussitôt son arrivée, il ira voir Marie à qui je le recommande.

Quant à moi, je suis à peu près enfoncé pour ma place auprès du général Marion; les prévisions ne se sont pas réalisées : c'est le général Morris qui commande la cavalerie de la Garde, et non le général Montebello. De là le renversement de mes espérances.

Que voulez-vous? Il en adviendra ce qu'il pourra; je me laisse aller au hasard et c'est, je crois, ce que j'ai de mieux à faire.

Cette lettre est probablement l'avant-dernière que je vous écrirai de Crimée. Peut-être ma première sera-t-elle datée de Marseille où, comme vous le savez, nous restons pour un temps plus ou moins long.

Je suis toujours décidé à emporter mon gros mouton, qui vous étonnera avec son énorme queue, s'il a le bonheur d'arriver jusqu'à vous.

Mais il est exposé à bien des dangers sur le bâtiment, car les marins pourraient lui jouer le mauvais tour de lui casser une patte pour le forcer à se laisser tuer. Comme je suis averti du danger, j'aurai l'œil ouvert.

Adieu et tout à vous.

H. LOIZILLON.

LXXVIII

Au camp, le 10 mai 1856.

Je n'ai que le temps de vous dire que nous nous embarquons sur le courrier du 13 mai, et que nous arriverons à Marseille trois ou quatre jours après que vous aurez reçu ce mot.

Je vous écrirai aussitôt débarqué, pour vous apprendre ce que nous devenons.

Le bruit qui a le plus de crédit, c'est qu'on nous envoie faire quarantaine dans l'île de Porquerolles. A la condition de n'être pas trop longue, cette quarantaine serait supportable.

Je vous quitte, regrettant de vous envoyer une lettre si concise, parce que je vais conduire à Kamiesch celles de nos troupes qui s'embarquent ce matin.

Je n'ai même pas un instant pour prévenir Marie, faites-le à ma place.

Tout à vous.

H. LOIZILLON.

LXXIX

Marseille, le 24 mai 1856.

Nous sommes arrivés ce matin à Marseille après une traversée agréable et assez accidentée.

Je vais rester ici quelques jours, pour y arranger mes affaires, et me rendre ensuite à Paris afin de connaître ma destination.

J'espère obtenir immédiatement un congé et vous arriver sans retard.

Vous jugez si j'ai hâte de vous embrasser!...

Je vous quitte pour m'occuper du débarquement de mes effets et écrire à Marie qu'elle s'arrange de manière à ce que nous fassions ensemble le voyage de Bitche.

Quel bonheur de vous revoir!

H. LOIZILLON.

TABLE DES MATIÈRES

Pages

PARIS. — IMP. E. FLAMMARION, RUE RACINE, 26.